盯苗子·建工坊·看三力
职业教育技能型拔尖创新人才培养机制的探索实践

童世华　龚小勇　黎　娅　牟向宇　谢　蓉　著

北京航空航天大学出版社

内 容 简 介

本书系统分析了职业教育技能型拔尖创新人才的生成逻辑、现状及培养路径。全书分为理论篇、实践篇和案例篇三部分。理论篇从政策、产业和教育发展的背景出发，分析了技能型拔尖创新人才的生成逻辑，探讨了其内涵与特征，并总结了国内外培养经验。实践篇提出了"盯苗子、建工坊、看三力"的职业教育技能型拔尖创新人才培养机制，通过精准选拔、协同育塑和长周期观测，阐述了如何在职业教育中实现技能型拔尖创新人才的早期识别、系统培养和持续发展。案例篇汇集了多个职业教育工坊的实践案例，展示了"领航"工匠工坊等15个工坊在技能型拔尖创新人才培养方面的成功经验。

本书主要面向职业教育研究者、院校教师、教育管理者及相关从业人员，同时也可为关注职业教育发展的企业人士、行业专家等提供参考。

图书在版编目(CIP)数据

盯苗子·建工坊·看三力 ：职业教育技能型拔尖创新人才培养机制的探索实践 / 童世华等著. -- 北京 ：北京航空航天大学出版社，2025.4.

ISBN 978-7-5124-4750-9

Ⅰ. G719.1

中国国家版本馆 CIP 数据核字第 2025ZJ5199 号

盯苗子·建工坊·看三力

职业教育技能型拔尖创新人才培养机制的探索实践

童世华　龚小勇　黎 娅　牟向宇　谢 蓉　著

策划编辑　周世婷　　责任编辑　周世婷

*

北京航空航天大学出版社出版发行

北京市海淀区学院路37号(邮编100191)　http://www.buaapress.com.cn

发行部电话:(010)82317024　传真:(010)82328026

读者信箱: goodtextbook@126.com　　邮购电话:(010)82316936

北京富资园科技发展有限公司印装　各地书店经销

*

开本:787×1 092　1/16　印张:9.25　字数:209千字

2025年4月第1版　2025年4月第1次印刷

ISBN 978-7-5124-4750-9　定价:39.00元

前　言

在全球化与科技飞速发展的时代，技能型拔尖创新人才已成为推动国家科技进步、产业升级和社会发展的重要力量。党的二十大报告明确指出："教育、科技、人才是全面建设社会主义现代化国家的基础性、战略性支撑。"职业教育作为教育体系的重要组成部分，肩负着为经济社会发展培养高素质技术技能人才的重任。然而，随着新一轮科技革命和产业变革的加速推进，国家对技能型拔尖创新人才的需求日益迫切，职业教育在技能型拔尖创新人才培养方面面临新的挑战与机遇。

本书以"职业教育技能型拔尖创新人才培养机制探索与实践"为主题，系统分析了职业教育技能型拔尖创新人才的生成逻辑、现状及培养路径。全书分为理论篇、实践篇和案例篇三大部分，旨在从理论与实践相结合的角度，探索职业教育如何更好地服务国家战略需求，培养适应未来产业发展的技能型拔尖创新人才。

理论篇从政策、产业和教育发展的背景出发，分析了职业教育技能型拔尖创新人才的生成逻辑，探讨了技能型拔尖创新人才的内涵与特征，并总结了国内外技能型拔尖创新人才培养的经验。这一部分为后续的实践探索提供了理论基础和国际视野。

实践篇提出了"盯苗子、建工坊、看三力"的职业教育技能型拔尖创新人才培养机制。通过精准化选拔、协同化育塑和长周期观测，详细阐述了如何在职业教育中实现技能型拔尖创新人才的早期识别、系统培养和持续发展。这一部分结合了丰富的实践案例，展示了理论在实践中的应用。

案例篇汇集了多个职业教育工坊的实践案例，展示了"领航"工匠工坊、智能电子产品设计工坊、VR空间艺术设计工坊等15个"工坊"在技能型拔尖创新人才培养方面的成功经验。这些案例不仅验证了理论的可行性，也为其他职业院校提供了可借鉴的实践路径。

本书是重庆市教育委员会职业教育教学改革研究项目"科教融汇背景下高职院校创新人才培养研究与实践"（项目编号：Z231006）、"三制一化"创新型拔尖技术技能人才培养模式探索与实践”(项目编号:Z2241061P),重庆市职业教育教学改革研究重大项目“基于工程认证的职业本科‘岗课赛证创’一体化课程体系研究与实践”(项目编号:GZ221020)“双元协同、以研促教、创随产出”艺术类专业创新型人才培养模式研究(项目编号:Z2241065H)的阶段性成果。本书主要撰写人员为重庆电子科技职业大学龚小勇、童世华、黎娅、牟向宇、谢蓉,参与撰写的还有丁锦箫、刘明、刘琰、杨玉平、黄将诚。本书在撰写过程中参考了《重庆电子科技职业大学“双高”建设典型案例汇编》等书中的部分内容，在此一并对这些作者表示衷心的感谢。对文中引用的参考文献作者表示感谢。

本书的撰写旨在为职业教育领域的研究者、教育工作者和政策制定者提供理论支持和实践参考,助力职业教育在新时代实现高质量发展,为国家培养更多具有创新精神和实践能力的拔尖技术技能人才。我们相信,通过不断探索与实践,职业教育必将在推动产业升级、服务国家战略中发挥更加重要的作用。

作　者

2025 年 4 月

目　　录

理　论　篇

实　践　篇

案　例　篇

理 论 篇

第1章　职业院校技能型拔尖创新人才培养生成逻辑

1.1　政策、产业和教育发展背景

1.1.1　政策需求:人才强国战略与职教高质量发展目标

1. 人才强国战略与创新驱动发展

在当今全球化与科技飞速发展的时代,人才已成为国家竞争力的核心要素。党的二十大报告明确提出,教育、科技、人才是全面建设社会主义现代化国家的基础性、战略性支撑[1]。其中,人才强国战略作为实现中华民族伟大复兴的核心举措,占据着至关重要的地位。报告指出,要深入推行人才强国战略,着力培养更多能工巧匠和高技能人才,为国家的高质量发展筑牢坚实的人才根基。

习近平总书记强调,“大国工匠是我们中华民族大厦的基石、栋梁”。大国工匠也是实现中华民族伟大复兴的关键力量,是推动产业升级和经济高质量发展的重要支撑。在新一轮科技革命和产业变革的浪潮中,我国对技能型拔尖创新人才的需求日益迫切。这些人才不仅要具备扎实的专业技能,更需在解决复杂问题、推动技术创新和开展工程实践等方面展现出高水平能力,以助力国家实现从“中国制造”向“中国创造”的战略转型。

职业教育作为国家教育体系的重要组成部分,肩负着为经济社会发展培养高素质技术技能人才的重任[2]。在国家的发展战略中,职业教育肩负着培育大国工匠与高技能人才的双重任务。但目前,我国职业教育在培育技能型拔尖创新人才方面遇到了诸多难题。传统职业教育侧重于技能的传授,在创新能力培育上相对不足;技能型拔尖创新人才的选拔机制尚不健全,导致不少有潜力的学生未能被及时发掘和专门培养。并且,职业教育与产业的融合程度不够深入,造成人才培养与市场需求存在脱节情况。

为应对这些挑战,职业院校需要积极探索技能型拔尖创新人才培养的新机制。通过

---

[1] 韦卫,晋家洪. 改革开放以来大学生思想政治教育的政策注意力配置及其演绎逻辑[J]. 荆楚理工学院学报,2022,6:89-96.

[2] 黄锦芳. 中职建筑工程测量课程教学存在的问题及对策探析[J]. 成才之路,2024,31:117-120.

“盯苗子、建工坊、看三力”三大策略，职业院校可以构建全周期、闭环式的人才培养模式，为国家培养出既具备精湛技艺又能引领技术创新的技能型拔尖创新人才。具体而言，“盯苗子”策略通过早期识别和精准选拔，发现具有创新潜力的学生；“建工坊”策略通过产教融合和协同育人，为学生提供实践平台；“看三力”策略通过长周期观测与评价，确保学生能力的持续提升。这些策略的实施，不仅有助于解决职业教育在技能型拔尖创新人才培养中的关键问题，还能为国家人才强国战略和产业升级提供有力的人才支撑。

在全球科技竞争愈发激烈的当下，我国正全力加速从制造大国向制造强国转型。在此过程中，职业教育的高质量发展成为至关重要的环节。作为技术技能人才培养的主力军，职业院校必须紧密贴合国家战略需求，深入推进教育教学改革，积极探索创新人才培养的新模式。通过培育一批富有创新精神和扎实实践能力的技能型拔尖创新人才，职业院校将助力我国在全球科技竞争中占据有利地位，实现从“中国制造”到“中国创造”的跨越。这既是职业教育在新时代的使命，也是国家发展不可或缺的需求。

2. 职业教育高质量发展的顶层设计

近年来，国家对职业教育的重视程度不断提升，陆续推出多项政策文件，为职业教育领域技能型拔尖创新人才的培养提供了明确的政策指引与理论支撑。2024 年，中共中央、国务院颁布了《教育强国建设规划纲要（2024—2035 年）》，明确指出要完善技能型拔尖创新人才的发现与培养机制，探索国家技能型拔尖创新人才培养的新路径，并将职业教育定位为培育大国工匠和高技能人才的关键渠道。纲要着重提出，职业教育须深化产教融合与校企合作，借助创新人才培养模式，提高职业教育的品质与适应性。这一政策文件为职业院校在技能型拔尖创新人才培养方面提供了明确的政策导向，也为本著作提出的“盯苗子、建工坊、看三力”机制奠定了坚实的政策基础。

2022 年，国务院发布《关于推动职业教育高质量发展的指导意见》，明确职业教育应以服务国家战略需求为核心导向，聚焦于产业升级和经济的高质量发展，致力于培养更多符合市场需求的高素质创新型人才。该文件着重提出，要健全职业教育体系，优化课程结构，强化实践教学环节，并促进职业教育与产业的深度融合。这一政策文件为职业院校在技能型拔尖创新人才培养方面提供了明确的行动指导，与本著作提出的“建工坊”机制紧密相连，共同强调通过产教融合和协同育人的模式，增强学生的实践操作能力和创新思维能力。

2022 年，教育部发布了《关于深化产教融合、校企合作的实施意见》，旨在推动职业教育与产业的深度结合。该文件着重提出建立长效的校企合作机制，鼓励企业全面参与职业教育人才的培养过程，并支持职业院校与企业合作建立实训基地、产业学院和创新工坊。这一政策为“建工坊”机制提供了明确的政策支持，指明了职业院校与企业协同育人的具体路径和方式，为培养技能型拔尖创新人才搭建了实践平台。

2023 年，人力资源社会保障部发布《关于加强高技能人才队伍建设的指导意见》，提出要通过完善选拔机制、优化培养模式、加强评价体系建设等措施，培养更多高技能人才[3]。文件强调，要支持职业院校与企业联合开展人才培养项目，鼓励通过项目驱动、实践教学等方式提升学生的技能水平和创新能力。这一政策文件为“盯苗子”机制提供了政策依据，明确了早期识别和精准选拔在技能型拔尖创新人才培养中的关键作用。

2024 年，教育部发布《职业教育服务国家战略需求的实践路径》，明确提出职业教育要围绕国家战略需求，优化专业布局，加强技能型拔尖创新人才培养。文件强调，要通过创新人才培养模式、完善评价体系、加强师资队伍建设等措施，提升职业教育的适应性和竞争力[4]。这一政策文件为本研究提出的“看三力”机制提供了理论支持，明确了长周期观测和评价在技能型拔尖创新人才培养中的重要性。

近年来，国家政策持续为职业教育技能型拔尖创新人才培养指明方向。从《教育强国建设规划纲要（2024—2035 年）》到《关于加强高技能人才队伍建设的指导意见》，政策始终聚焦于推动职业教育深化产教融合与校企合作，通过创新培养模式提升教育质量。这些文件不仅为职业院校提供了具体的行动蓝图，也为本著作提出的“盯苗子、建工坊、看三力”机制注入了政策依据。“盯苗子”精准定位创新苗子，“建工坊”打造产教融合平台，“看三力”实施长周期评价，三者与政策导向高度契合，直击职业教育在技能型拔尖创新人才培养中的痛点，助力职业教育迈向高质量发展，为国家产业升级和经济腾飞筑牢人才基石。

1.1.2　产业需求：技术与人才升级的双重驱动

1. 产业革新对技能的深度需求

在当今全球化的浪潮和科技迅猛发展的时代，产业结构的调整与升级已成为推动经济持续增长的核心动力。随着高端制造业、数字经济和新能源产业等战略性新兴产业的快速崛起，这些领域对技术技能型人才的能力要求愈发复杂多样。

首先，随着智能制造技术在高端制造业领域的大规模深度应用，生产模式正经历从传统人工操控向自动化、智能化方向的深刻变革。企业急需具备多学科知识和综合技能的复合型人才。例如，在汽车制造领域，工业机器人编程与数据分析能力已成为不可或缺的技能。这些复合型人才不仅要掌握机械工程、电气自动化等基础知识，还须具备数据处理、算法设计和系统集成的能力，以实现生产线的智能化控制和优化管理。

其次，随着数字经济的迅猛发展，金融与科技行业正加速融合，金融科技公司作为这一趋势的典型代表，其人才需求也发生了显著变化。跨学科融合的金融与人工智能技术能力，现已成为金融科技公司的核心竞争力。例如，在智能风险管理系统开发中，需要同时运用金融风险评估模型和人工智能算法，对大量金融交易数据进行实时监测与分析，从而精

[3] 任欢，杨桐彤．巧手匠心　筑梦强国——新时代我国技能人才、队伍建设成就斐然[N]．光明日报，2024-09-22(7)．

[4] 暨百南．以“四个三”为抓手办人民满意的现代职业教育[J]．电子制作，2014(02)：167，180．

准识别并预警风险。因此，金融科技公司要求员工不仅要具备扎实的金融专业知识，还须熟练掌握前沿的人工智能技术，并能将两者有效结合，以推动金融领域的创新与发展。

此外，新能源产业作为国家战略性新兴产业，承担着推动能源转型与可持续发展的关键使命。以光伏产业为例，当前的核心挑战在于如何将实验室研发的高效太阳能电池技术转化为大规模生产的工程化能力。这要求研发人员拥有材料科学和光电转换原理等领域扎实的理论基础，同时具备将新技术从实验室推向市场的工程实践能力。唯有如此，才能有效提升太阳能电池的转换效率，降低生产成本，从而加速新能源产业的蓬勃发展。

综上，在全球化与科技加速发展的当下，产业结构的升级与优化已成为经济持续发展的关键。新兴产业如高端制造业、数字经济及新能源产业的蓬勃发展，对技术技能型人才的能力提出了复杂多样的新要求。在高端制造业领域，智能制造技术的广泛应用正推动生产模式向自动化和智能化转型。企业迫切需要那些具备跨学科知识体系和综合技能的复合型人才，以适应并引领这一变革。数字经济的蓬勃态势则促进了金融与科技行业的深度融合。金融科技公司尤其渴求具备金融与人工智能技术交叉融合能力的人才，以推动金融创新和服务升级。新能源产业，尤其是光伏行业，正面临将实验室技术转化为大规模生产能力的挑战。这要求研发人员不仅要具备深厚的材料科学和光电转换原理的理论基础，还要拥有将新技术商业化应用的工程实践能力。总体而言，这些新兴产业的迅猛发展不仅增加了对技术技能人才数量的需求，更对人才的综合素质和创新能力提出了更高期望。这一趋势为职业教育的发展指明了新方向，促使教育体系不断进行改革与完善，以更好地适应产业需求和经济发展的新要求。

2. 职业教育与产业的供需矛盾

职业教育作为国民教育体系中的关键一环，肩负着为经济社会进步培育具备高素质的技术技能型人才的重任。但时下，职业教育与产业需求之间出现了不匹配、不协调的状况，即供需矛盾凸显。这一现状对职业教育的育人成效以及产业的长期稳健发展均产生了不容忽视的负面影响。

首先，人才培养与产业需求脱节。目前，许多院校的课程体系未能及时跟上产业升级的步伐，课程设置滞后，与实际产业需求脱节。以制造业为例，部分院校仍侧重于传统机械加工等基础课程，而对智能制造、自动化生产线等新兴领域涉及较少。这种课程内容的滞后性导致学生所学知识与企业实际需求之间存在较大差距，难以快速适应工作岗位。此外，实践教学环节的薄弱也是职业院校面临的一个突出问题。尽管实践能力是产业对技术技能人才的核心要求之一，但许多职业院校的实践教学设备陈旧，实训项目简单，无法满足学生对先进生产技术的实践需求。一些院校的实训设备仍停留在15年前甚至20年前的水平，无法模拟现在生产线的复杂环境和操作流程。这使得学生在实际操作中往往出现“眼高手低”的情况，面对生产一线的复杂问题时缺乏有效的解决能力。这种脱节不仅影响了学生的就业竞争力，也增加了企业的用人成本。企业在招聘新员工后，往往需要花费大量时间和资源进行再培训，以弥补学生在校期间实践能力的不足。这种现象不仅对学生个人职业发展不利，也对企业的生产效率和创新能力产生了负面影响。

其次，人才供给结构与产业布局不匹配。部分职业院校的专业设置未能充分考虑区域产业布局和行业发展趋势。例如，在一些以信息技术产业为支柱的地区，职业院校的计算机相关专业招生规模却相对较小，而一些传统专业如建筑工程等却存在招生过剩的情况。这使得人才供给在专业分布上与产业需求严重失衡，造成某些行业人才过剩，而另一些行业则面临人才短缺。此外，职业教育体系中，不同层次人才的供给与产业需求也存在不匹配现象。一些高端制造业和现代服务业对本科及以上层次的技术技能人才需求不断增加，但职业院校在此层次的人才培养能力相对不足。相反，在一些劳动密集型产业，对中职层次人才的需求逐渐减少，但中职院校的招生规模却依然较大，导致人才层次与岗位要求不匹配，影响了人才的就业质量和产业的升级速度。

综上，职业教育与产业供需矛盾的现状暴露出一系列亟待解决的问题，严重制约着职业教育的育人质量和产业的可持续发展。课程体系滞后，实践教学薄弱，导致学生难以适应企业需求；专业设置与产业布局脱节，人才供给结构不合理，造成就业市场供需错配。这些问题不仅影响学生就业和产业发展，更可能对国家经济竞争力和现代化进程产生制约。因此，解决职业教育与产业供需矛盾的问题迫在眉睫，需要社会各界共同努力，推动职业教育改革，加强产教融合，优化专业设置，提升实践教学水平，以培养出更多适应产业需求的高素质技术技能人才，为经济高质量发展提供坚实的人才支撑。

1.1.3　教育发展：从规模扩张到质量提升

随着我国经济社会发展进入新阶段，职业教育作为教育体系的重要支柱，经历了从规模快速扩张向质量内涵提升的战略转型。这一转变既是适应国家产业升级与经济高质量发展的必然要求，也是职业教育实现可持续发展的内在需求。

1. 规模扩张奠定基础

21 世纪初，职业教育以服务工业化和城镇化需求为导向，通过院校数量增长与招生规模扩大，快速构建了覆盖中等与高等职业教育的完整体系。据统计，2000 年以来，全国中职学校从不足 1 万所增至 1.1 万余所，高职院校从约 500 所扩展至 1500 余所，在校生规模达数千万人。规模化的职业教育体系为制造业、服务业等领域输送了大量技术技能人才，支撑了“世界工厂”的建设。例如，2000—2015 年，职业院校累计培养技术技能人才超 2 亿人，占新增劳动力供给的 70%以上[5]。这一庞大的人才供给，不仅满足了当时经济快速增长对劳动力的需求，而且为后续的产业升级和经济结构调整奠定了坚实的基础。

2. 质量提升的迫切需求

随着产业结构升级（高端制造业、数字经济、新能源等领域的崛起）和“创新驱动发展”

[5] 教育部职业教育与成人教育司. 中国职业教育发展报告[M]. 北京：教育科学出版社，2016.

等国家战略的推进，社会对技术人才的需求从“数量”转向“质量”。

首先，复合型人才缺口扩大。传统“理论＋技能”模式培养的学生难以满足智能生产线调试、工业互联网运维等高复杂度岗位需求。据调研，企业对新入职高职毕业生的再培训周期从3个月延长至6个月，凸显院校培养与产业需求的脱节。

其次，创新能力培养不足。职业教育课程体系偏重标准化技能传授，学生解决复杂工程问题和跨界整合能力薄弱。例如，某智能制造企业反馈，85％的高职毕业生无法独立完成工艺优化方案设计。

再次，产教融合深度欠缺。校企合作多停留于生产实习层面，企业参与人才培养的积极性不足，教学内容滞后于技术迭代速度。浙江某高职院校数据显示，其机电专业课程中仅有30％与企业最新技术标准同步。

3. 政策驱动的质量转型

国家层面通过一系列政策引导职业教育向高质量跃升。顶层设计方面，2019年《国家职业教育改革实施方案》首次提出职业教育“由规模扩张向质量提升转变”，2022年《关于推动职业教育高质量发展的指导意见》强调深化产教融合与育人模式创新。专项计划方面，教育部于2019年启动“双高计划”，投入60亿元支持197所高职院校建设高水平专业群，推动人才培养与产业需求精准对接。评价体系方面，2024年《教育强国建设规划纲要》明确构建长周期、多维度的技能型拔尖创新人才评价体系，突破单一的技能考核，融入创新力与发展力观测指标。这些政策举措共同构成了职业教育质量提升的政策框架，为职业教育的高质量发展提供了坚实的制度保障。

4. 质量提升的实践探索

职业院校通过多维度改革回应质量提升需求。深圳职业技术大学与华为共建“天才少年班”，采用“动态选拔—项目化教学—企业认证”闭环培养模式，使毕业生关键技术岗位就业率达82％，体现了全周期培养模式的优势。常州工程职业技术学院与制造企业共建“智能工坊”，引入真实生产项目作为教学载体，使学生专利成果转化率提升40％，展示了校企协同平台建设的成效。江苏多所高职院校实施“双师型”教师培育计划，将教师企业实践时长从年均30小时增至120小时，使企业技术案例融入课程比例达65％，体现了师资队伍优化的重要性。这些改革举措有效回应了职业教育质量提升的需求，显著提升了学生的就业竞争力和职业发展能力。

通过这些实践探索，职业院校不仅在培养模式、校企合作和师资队伍建设方面取得了显著成效，还为职业教育的高质量发展提供了宝贵经验。这些实践探索为职业教育的未来发展指明了方向，推动职业教育更好地服务于国家产业升级和经济高质量发展。

5. 转型意义与未来方向

职业教育的转型升级不仅是其自身发展的必然要求，更是服务国家战略、支撑经济社会高质量发展的重要支柱。未来，职业教育须聚焦以下几个关键方向：一是推进标准体系建设，建立专业分层的人才选拔与评价指标，借鉴德国“双元制”职业教育的多元能力评估模式，注重实践能力与综合素养的全面衡量；二是深化数字化转型，利用工坊数智平台构建学生“创新力画像”，通过数据驱动实现个性化、精准化培养；三是加强国际范式融合，借鉴澳大利亚 TAFE 学院的“工作坊选拔”机制，强化实践能力、抗压能力及职业适应性的考核。从规模扩张到质量提升的转型，标志着中国职业教育正式迈入内涵式发展阶段。这一进程将通过体制机制创新与技术赋能，为人才强国战略提供与产业需求高度适配的高素质技术技能人才，助力中国从“制造大国”向“创造强国”迈进。

1.2　技能型拔尖创新人才的内涵与特征

1.2.1　技能型拔尖创新人才的内涵演变与定义

1. 技能型拔尖创新人才的内涵演变

技能型拔尖创新人才是指在特定领域具备突破性创新能力，并能通过知识生产、技术革新或模式重构引领社会变革的卓越人才群体。其本质是“卓越性”与“引领性”的统一：既具有超越常规的创新思维深度与专业精熟度，又能将个体创造力转化为系统性社会价值。这一概念随着创新范式的升级不断重构，从天赋筛选走向生态化培育，映射着人类对创新精英认知的根本转变。

(1) 天赋论主导期(20 世纪前中期)

在熊彼特创新理论影响下，早期技能型拔尖创新人才被等同于“天才型企业家”，强调与生俱来的冒险精神与商业直觉。美国心理学家推孟(1921)启动的“天才遗传研究”，通过智商测试筛选“智力超常者”，将创新潜力简化为量化指标。这种天赋决定论导致教育领域出现“天才班”等隔离式培养模式，将拔尖人才视为稀缺的“自然禀赋”，其局限性在于忽视环境塑造与系统培养的可能性。

(2) 系统培育转向期(1970—2000 年)

人力资本理论兴起催生对拔尖人才的重新认知。美国《国家卓越教育报告》(1993)提出“才能发展模型”，强调通过教育干预激发潜能。中国科技大学少年班(1978)的设立，标志着制度化的早期拔尖培养实践。此阶段定义突破生物决定论，将技能型拔尖创新人才视为“专业知识深度×创造性思维×实践转化力”的动态乘积，但评价标准仍侧重学术成就，存在过度专业化倾向。

(3) 复合能力建构期(2000—2010 年)

知识经济的复杂需求推动拔尖标准多维化。美国《天才儿童教育法案》(2001)将领导力、艺术创造力纳入评估体系;中国“基础学科拔尖计划”(2009)提出“厚基础、宽口径”培养理念。OECD《创新型人才识别指南》(2010)建立三维评估框架,即体现认知卓越度的跨学科知识整合能力,体现思维独特性的批判性、前瞻性思考品质,体现价值引领力的解决重大现实问题的责任感。此阶段突破“唯智力论”,但尚未解决标准化培养与个性化发展的矛盾。

(4) 生态化培育期(2010年至今)

数字技术革命推动技能型拔尖创新人才定义进入新范式。中国“拔尖计划2.0”(2018)强调“使命驱动、跨界融合”;美国国家科学院《培养创新者》(2020)提出“创新生态系统”理论,主张通过多元主体协同激发群体智慧。当前定义呈现三大转向:评价维度,从单一智力指标转向“知识—能力—品格”三位一体;培养模式,从线性加速教育转为“个性化成长生态”构建;价值导向,从竞争性优胜转向对人类命运共同体的责任担当。

技能型拔尖创新人才概念的嬗变,本质是人类对“卓越性”认知的持续突破:从静态天赋到动态发展,从个体卓越到群体共生,从工具理性到价值理性。在人工智能时代,真正的拔尖创新者须兼具“科技洞见”与“人文温度”,既能破解“卡脖子”技术难题,又能驾驭创新活动的伦理风险。全球教育体系正从“选拔天才”转向“培育创新生态”,其核心命题是如何在包容性发展中释放每个人的卓越潜能。

2. 技能型拔尖创新人才的定义

在全球化与科技飞速发展的背景下,技能型拔尖创新人才已成为推动国家进步和产业升级的关键力量。当前,技能型拔尖创新人才的定义在学术界尚未形成统一的共识,但近年来的研究逐渐形成了以下几种主要观点:

① 广义界定视角认为,技能型拔尖创新人才的定义为在多元智能领域具有卓越智力或专业才能、突出的创新意识及能力,以及高尚的道德品质与社会责任感的综合型人才。这种定义强调创新人才的多样性和社会价值,突破了传统以学术能力为核心的狭隘理解。例如,刘彭芝(2010)在《关于培养拔尖创新人才的几点思考》中指出,技能型拔尖创新人才是在某一方面有特长的人才,综合表现为创新精神、创新能力和创新成果。高晓明(2011)在《拔尖创新人才概念考》中认为,那些在各行各业中通过变革来引领发展,为整个社会经济的顺利转型做出突出贡献的杰出人物都应被称为技能型拔尖创新人才。朱旭(2021)在《拔尖创新人才的概念审思》中对技能型拔尖创新人才的概念进行了审思,强调了其在不同领域的多样性和社会价值。陈权等(2015)在《拔尖创新人才的培养策略》中构建了技能型拔尖创新人才素质模型,强调了技能型拔尖创新人才在不同领域的专业能力和创新能力。徐晓媛、史代敏(2011)在《拔尖创新人才培养模式的调研与思考》中对技能型拔尖创新人才培养模式进行了调研与思考,提出了培养技能型拔尖创新人才的多种途径和方法。这些文献从不同角度对技能型拔尖创新人才进行了定义和探讨,为理解技能型拔尖创新人才的广义界定提供了丰富的理论支持。

② 时空异质性视角认为,技能型拔尖创新人才是基于天赋与后天教育结合、涵盖不同

类型和行业的创新者，无统一特定类型或标准。程黎等在《我国拔尖创新人才成长模型的建构》中指出："技能型拔尖创新人才具有时空的异质性，不是特定类型、标准统一的某类人才，而是不同类型、不同行业的创新人才。其培养以天赋和才能为前提，强调自然禀赋的差异和后天教育的结合。"程孝良在《拔尖创新人才培养：理念、模式与策略》中强调："技能型拔尖创新人才是特殊的高水平教育，不能与优质的普通教育相混淆。具体而言，技能型拔尖创新人才培养有三个层面的内涵，包括承认自然禀赋的差异，以天赋和才能为前提，以及培养过程中后天教育的重要性。"这些文献从不同角度探讨了技能型拔尖创新人才的时空异质性，为理解这一概念提供了丰富的理论支持。

③ 实践导向视角认为，技能型拔尖创新人才需要在创新实践中取得成果，即在掌握理论知识的基础上，能够灵活运用创新方式解决实际问题并取得创新成果。郑永和等的《我国拔尖创新人才的选拔与培养——基于教育实践的多案例循证研究》、唐盛昌等的《构建拔尖创新人才早期识别培育链的探索与思考》和戴耘的《拔尖创新人才培养的理论基础和实践思路》等文献中均指出技能型拔尖创新人才的早期培养需要注重实践能力的培养，通过实践锻炼提升人才的创新能力。这些文献从不同角度探讨了技能型拔尖创新人才的实践导向，为理解这一概念提供了丰富的理论支持。

④ 国家战略需求视角认为，技能型拔尖创新人才作为新知识的创造者、新领域的开拓者、新技术的发明者，是引领科技创新和产业发展破解关键技术难题、推动国家自主创新的核心力量。张沛然等在《高校青年拔尖创新人才的核心特质、成长规律与培养策略》中指出："技能型拔尖创新人才是新知识的创造者、新领域的开拓者、新技术的发明者，是引领科技创新与产业发展方向的关键力量，尤其在解决"卡脖子"技术问题和推动国家自主创新方面具有重要作用。"

综上所述，从职业教育的视角来看，技能型拔尖创新人才可以定义为：具备高尚的思想政治素养、扎实的知识技术素养、良好的身心素养和高阶的创新创造素养，能够在某一领域将前沿技术转化为生产力，解决实际问题并推动技术升级，同时具有持续学习和自我提升能力，以适应技术快速迭代的职业环境，为国家的自主创新和产业发展做出突出贡献的人才。

1.2.2　技能型拔尖创新人才的特征

技能型拔尖创新人才是推动社会进步和行业发展的中坚力量，下面，将从多个角度分析其核心特质。

(1) 创新思维与批判性思维

技能型拔尖创新人才具有强烈的创新意识和批判性思维能力，能够突破传统思维框架，提出新颖的观点和解决方案。他们敢于质疑现有理论，善于从不同角度分析问题，并通过创造性的方式解决问题。技能型拔尖创新人才在创新思维与批判性思维方面的特质，可以通过爱迪生、乔布斯和马斯克等杰出人物的事迹得到生动体现。爱迪生在发明电灯时，不满足于传统照明方式，经过上千次试验，最终找到合适的灯丝材料，为世界带来光明。乔布斯在设计苹果产品时，突破传统设计理念，从用户体验和美学出发，推出具有多点触控技术和简洁界面的 iPhone，彻底改变了智能手机行业。

（2）扎实的专业知识与技能

技能型拔尖创新人才具备深厚的专业知识和扎实的技能基础，能够在特定领域内进行深入研究和实践。他们不仅掌握理论知识，还能够将其灵活应用于实际问题的解决中。这些特质在现实生活中多个领域的杰出人物和实例中有着生动体现。例如，在计算机科学领域，谷歌创始人拉里·佩奇和谢尔盖·布林凭借对搜索引擎技术的深入研究和创新，开发出谷歌搜索引擎，彻底改变了全球信息检索的方式。在生命医学领域，屠呦呦和她的团队通过丰富的中医药学知识和实验技能，发现了青蒿素，为全球疟疾治疗提供了突破性解决方案。在航天工程领域，美国国家航空航天局（NASA）的工程师们依靠扎实的物理学和工程学知识，成功开发了火星探测器“毅力号”，为人类探索火星提供了重要数据。在职业教育领域，数控加工技术专家通过高超的加工技能和对材料的深入了解，制造出高精度的零部件，为航空航天等领域提供了重要支持。

（3）实践能力与问题解决能力

技能型拔尖创新人才在实践中表现出卓越的能力，能够将理论知识与实际问题相结合，提出创新性解决方案并付诸实践。他们在复杂问题面前表现出较强的适应性和解决问题的能力。以杰夫·贝索斯为例，他在创建亚马逊的过程中，面临着如何在互联网上建立一个可靠、高效的购物平台的问题。贝索斯和他的团队通过深入研究互联网技术，开发出了一套独特的在线购物系统，这个系统不仅安全、便捷，还为用户提供了丰富的商品选择和个性化的购物体验。此外，贝索斯在面对物流配送难题时，没有被传统物流模式所限制，而是大胆创新，建立了亚马逊自己的物流体系。他通过数据分析和优化算法，提高了配送效率，降低了成本，为亚马逊的快速发展提供了有力支持。

（4）持续学习与自我提升能力

面对快速变化的技术和环境，技能型拔尖创新人才具有强烈的自我驱动力和持续学习的能力。他们能够不断更新知识体系，掌握新技能，以适应不断变化的职业需求。马云在早期从事英语教学工作时，通过自学和实践不断提升自己的英语水平和教学能力。后来，他敏锐地察觉到互联网的潜力，通过不断学习和探索，成功创办了阿里巴巴，推动了中国互联网经济的发展。马云还积极参加各种培训和交流活动，与国际商业巨头交流合作，学习先进的管理经验和商业模式，为阿里巴巴的国际化发展提供了有力支持。

（5）跨学科视野与综合能力

技能型拔尖创新人才通常具有跨学科的视野，能够整合不同领域的知识，形成综合性的解决方案。他们善于从多学科的角度看待问题，推动跨领域的创新。以埃隆·马斯克为例，他在物理学、工程学和计算机科学等多个学科领域都展现出深厚的知识储备。在创办 SpaceX 时，他将物理学原理与工程技术相结合，成功研发出可重复使用的火箭，大幅降低了航天发射成本。在电动汽车方面，他将电池技术、人工智能和汽车制造知识相融合，推动了电动汽车行业的发展。这些成就不仅体现了他在跨学科领域的知识整合能力，也展示了他在复杂问题面前的综合解决方案能力。

(6) 团队协作与沟通能力

技能型拔尖创新人才在团队中表现出卓越的协作能力，能够有效地与他人沟通和合作。他们善于倾听他人的意见，整合团队资源，推动项目的成功实施。团队协作可以将不同成员的专业知识和技能结合起来，形成一个整体的工作力量。每个成员可以根据自己的专长和兴趣来承担不同的任务，从而提高工作效率。团队协作还能够避免工作中的重复劳动和资源浪费，从而更好地利用时间和资源。此外，还可以激发成员之间的创新思维和想法。不同的成员可以带来不同的观点和经验，从而促进创新和解决问题。当团队成员相互合作和交流时，他们可以共同思考和讨论，从而找到更好的解决方案。当然，最重要的是团队协作可以增强团队成员之间的联系和互信。当团队成员共同努力，共同面对挑战和困难时，他们的凝聚力会得到提高。团队成员之间的合作和支持可以增加彼此之间的认同感和归属感，从而更好地激发团队的活力和创造力。

(7) 抗压能力与心理韧性

技能型拔尖创新人才在面对挑战和压力时表现出较强的抗压能力和心理韧性。他们能够在高压环境下保持冷静，持续推动工作进展，并在失败中吸取经验，不断改进。抗压能力即挫折承受力、复原力、心理弹性或心理韧性，是主体对外界变化环境的心理及行为上的反应状态，它是一种动态形式，有一定的弹性空间，会随着环境变化而变化，并在一定程度上影响个体的行为表现和心理健康水平。技能型拔尖创新人才的抗压能力与心理韧性，是他们在面对复杂问题和高压环境时保持坚韧的重要保障。这种能力使他们能够在面对困难和挫折时，不轻易放弃，而是以积极的态度去寻找解决方案。他们能够从失败中吸取教训，调整策略，不断改进自己的方法和思路，从而在不断尝试中取得突破。技能型拔尖创新人才的心理韧性还体现在他们对自我效能感的坚定信念上。自我效能感与创造力得分呈高度正相关，心理韧性较强的个体在创造力方面也表现得更好。这种积极的心理品质使他们在面对挑战时充满信心，相信自己能够克服困难，实现目标。

(8) 国际视野与竞争力

技能型拔尖创新人才通常具有国际视野，了解全球科技和产业发展的最新动态。他们能够在国际舞台上展示自己的能力，与国际同行进行有效交流和合作，推动国内技术与国际接轨。目前国内许多高校都非常注重培养学生的国际视野与竞争力，采取了一系列措施。例如，四川大学通过与国际高水平大学合作，支持学生参与国际学术会议和科研项目，提升学生的国际竞争力；清华大学的清华学堂计算机科学实验班（"姚班"）通过"春研机制"，支持学生到麻省理工学院、加州理工学院等海外名校交流学习，帮助学生接触国际一流学术群体，提升国际视野和学术能力。通过这些培养方式，技能型拔尖创新人才能够在国际舞台上展示自己的能力，与国际同行进行有效交流和合作，推动国内技术与国际接轨，为国家的科技创新和产业发展做出贡献。

以上这些特征共同构成了技能型拔尖创新人才的核心特质。可以发现，这类人才不仅在创新思维、专业知识、实践能力等方面展现出卓越的才能，而且更具备持续学习、跨学科视野、团队协作、抗压能力以及国际视野等多维度的综合素质。这些特质相互交织，共同构成了技能型拔尖创新人才的核心竞争力，使他们能够在各自领域中不断突破传统、引领创新，成为推动社会进步和行业发展的关键力量。无论是面对复杂的科研难题，还是激烈的市场竞争，技能型拔尖创新人才都能凭借其全面的能力体系，有效地整合资源、激发团队潜能，持续推动项目成功实施，为国家和全球的科技发展与产业升级做出不可磨灭的贡献。

第 2 章　职业院校技能型拔尖创新人才现状分析

2.1　研究现状分析

2.1.1　国外技能型拔尖创新人才培养研究现状

国外职业院校技能型拔尖创新人才培养研究历经百年积淀，形成了多学科融合的理论体系与差异化教学模式。从早期能力本位教育(CBE)对技能与创新的耦合探索，到建构主义理论指导下的体验式学习与项目化教学，再到创新生态系统理论推动的政产学研协同，理论演进始终与技术革命同频共振。德国“双元制”、美国“职业群”、日本“产官学协同”等模型，通过动态反馈机制、跨学科整合与社会资源协同，构建了适应本土产业需求的培养框架。数字化转型背景下，虚拟现实、大数据分析等技术深度嵌入课程设计与评价体系，为创新能力培养提供了新范式。这些理论探索与实践创新，既为全球职业教育改革提供了可资借鉴的路径，也为我国技能型拔尖创新人才培养提供了重要启示。

1. 理论基础与模型构建

国外职业院校技能型拔尖创新人才培养的理论基础历经百年演变，融合了教育学、心理学、管理学等多学科研究成果。对职业院校技能型拔尖创新人才培养相关的理论研究可追溯到 20 世纪初期，早期研究以能力本位教育(Competency—Based Education，CBE)为核心，强调实践技能与创新能力的结合。20 世纪 70 年代，Norton 提出 CBE 理论框架，主张通过分解职业岗位的核心能力需求，设计以任务为导向的课程体系。这一理论在德国“双元制”教育中得到实践验证，企业主导的技能培训与学校理论教学形成互补。随着认知科学的发展，建构主义理论逐渐成为创新教育的重要研究对象。Kolb 提出的“体验式学习循环”模式指出，学习者须通过“具体体验—反思观察—抽象概念—主动实践”的螺旋过程构建知识，这一理论被荷兰戴尔福特理工学院的 PBL(Problem-Based Learning)模式采纳，通过真实企业项目激发学生的创造性思维。21 世纪以来，创新生态系统理论研究的兴起进一步拓宽了研究视野。Etzkowitz 提出的“三螺旋”强调政府、企业与院校的协同作用，瑞士职业院校在此基础上发展出“创新螺旋”，将技能训练划分为“模仿—适应—创造”三阶段，并通过动态反馈机制优化培养路径。

模型构建方面，各国结合本土需求形成了差异化框架。美国基于实用主义教育哲学，构建了“职业群(Career Clusters)”模型，由行业联盟制定跨领域能力标准，强化学生的复合创新能力。日本则从技术哲学角度提出“创造性技术者”培养模型，将传统工匠精神与现代技术创新结合，通过“产官学协同”机制推动技术转化。北欧国家依托社会建构主义理论，开发了“情境化学习模型”，例如芬兰职业院校将工作场景嵌入课堂教学，要求教师具备企业实践经验以保障教学的真实性。近年来，数字化技术的渗透催生了新型理论框架。德国“工业 4.0 实训平台”整合虚拟现实(VR)与增强现实(AR)技术，构建了“虚实融合创新能力培养模型”；新加坡“技能创前程计划”则通过大数据分析学生行为特征，设计个性化创新学习路径。这些模型的共同点在于打破传统教育的线性结构，注重动态反馈、跨学科整合与社会资源协同，为技能型拔尖创新人才培养提供了理论支撑与实践蓝图。

2. 课程体系与教学方法

国外职业院校技能型拔尖创新人才培养的课程体系与教学方法设计，始终围绕“实践性”“跨学科性”与“技术适应性”三大核心展开，形成了多元融合的教育模式。从历史发展来看，19 世纪末德国“双元制”教育体系率先将企业技能培训与学校理论课程结合，通过模块化课程设计强化学生的职业适应能力。这一模式在 20 世纪被广泛借鉴，例如美国 1917 年《史密斯-休斯法案》(Smith-Hughes Act)推动的农业与工业课程改革，强调通过真实工作场景中的“做中学”激发学生的创新思维。1980 年代后，随着全球化与技术革命的加速，课程体系逐渐转向跨学科整合。澳大利亚 TAFE 学院于 1990 年代引入“STEM＋Arts”课程框架，将科学、技术、工程、数学与人文艺术融合，通过项目式学习(Project-Based Learning)培养学生解决复杂问题的能力。荷兰戴尔福特理工学院提出的“戴尔福特模式”进一步深化了这一理念，要求学生以企业真实需求为驱动，在跨学科团队中完成从设计到落地的全流程创新项目，其核心在于打破学科壁垒并强化协作能力。

在现代职业教育领域，建构主义理论与技术工具的深度融合已成为教学方法改革的重要方向。德国职业教育体系基于体验式学习理论，开发了“四阶段教学法”，将教学过程设计为“计划—实施—检查—改进”的循环模式，注重学生在模拟或真实生产环境中的主动探索与实践能力培养。例如，德国的“工业 4.0 实训平台”通过虚拟现实(VR)技术构建数字化工厂场景，学生可以在虚拟环境中调试智能生产线、优化工艺流程，从而在低风险条件下积累创新经验。

与此同时，新加坡的“教学工厂”模式则通过将企业生产线直接嵌入校园，为学生提供真实的工作环境。学生在教师与企业导师的双重指导下参与产品研发，形成从学习到实践再到创新的完整闭环。这种模式不仅提升了学生的动手能力，还帮助他们更好地理解行业需求。此外，个性化学习路径的构建近年来备受关注。芬兰职业院校通过大数据分析学生的技能短板和兴趣倾向，动态调整课程内容与难度，确保教学更贴合学生需求。美国社区学院则引入“微证书”体系，允许学生通过完成特定创新项目获得模块化认证，进一步提升了学习的灵活性与针对性。这些创新实践表明，技术工具与教学方法的结合正在为职业教育注入新的活力。

在全球教育领域，技术赋能正在推动教学方法的深刻变革。日本职业院校将传统的“工匠精神”与数字化技术相结合，开发了“虚实融合实训系统”。学生通过增强现实（AR）技术模拟精密设备的操作流程，并在实体工坊中验证设计方案的可行性，从而实现理论与实践的无缝衔接。欧盟在 2020 年推出的“数字教育行动计划”要求成员国将人工智能、区块链等新兴技术纳入职业教育课程。例如，法国通过“EdTech 实验室”开发了自适应学习平台，能够根据学生的实时表现推送定制化的创新任务，帮助学生在动态学习环境中提升技能。此外，伦理与可持续发展教育正在被深度整合到职业教育体系中。瑞士职业院校在工程类课程中嵌入了“绿色创新”模块，要求学生基于生命周期评估（LCA）方法优化产品的环保性能。丹麦则通过“社会创新工坊”引导学生针对气候变化、能源转型等全球性议题提出技术解决方案，培养学生的社会责任感与创新能力。

尽管课程与教学方法不断创新，但仍然面临诸多挑战。技术的快速迭代使得教学内容难以跟上产业需求的变化，而跨学科课程的实施也对教师团队的协作能力提出了更高要求。未来，课程设计将更加注重敏捷性与预见性，例如采用“开放式课程框架”动态纳入新兴技术模块，同时通过“全球—本地”双重视角平衡普适性创新与区域化需求，为学生提供更具适应性的学习体验。

3. 校企合作与协同机制

国外职业院校在技能型拔尖创新人才培养方面，经过长期的实践与探索，已形成了政府引导、行业主导、院校协同的多元化校企合作生态体系。德国的“双元制”教育模式是其中的典型代表，其法律基础可追溯至 19 世纪末的《手工业保护法》。该模式将企业作为技能培训的核心主体，而学校则专注于理论教学与基础能力培养。企业深度参与课程开发、师资培训及考核认证等环节，例如宝马、西门子等知名企业设立“企业学院”，直接为职业院校提供技术标准与实训设备。20 世纪初，美国通过《史密斯一休斯法案》推动了农业与工业领域的校企合作，形成了“校办工厂”模式。学生在校内车间完成产品生产，并接受企业导师的指导，这种模式不仅提升了学生的实践能力，还加强了职业教育与产业需求的对 1980 年代后，日本提出了“产官学协同”机制，由政府搭建平台，促进院校与企业的技术转化。例如，丰田公司与职业院校联合开发“智能制造实训中心”，将生产线数据实时融入教学内容，推动了教育与产业的深度融合。这些国家的校企合作模式不仅注重理论与实践的结合，还强调企业与教育机构的协同创新，为培养适应产业需求的高素质人才提供了有力支持。

进入 21 世纪，校企合作的协同机制进一步向全球化与数字化延伸。新加坡“教学工厂”模式（WDA，2010）通过将企业生产线嵌入校园，实现了“教学—生产—研发”一体化，学生需在真实生产环境中解决技术难题并优化流程，其创新成果可直接转化为企业专利。北欧国家则依托社会伙伴关系，建立“行业一教育委员会”，例如丹麦的“职业教育与培训（VET）理事会”由企业、工会与院校代表共同组成，动态调整专业设置以适应技术变革。欧盟通过《哥本哈根宣言》推动跨国校企合作，如德国弗劳恩霍夫研究所与法国职业院校联合开展

“工业 4.0”跨国实训项目，学生须在欧洲多国完成跨文化协作任务。

技术革命催生了新型协同模式。荷兰戴尔福特理工学院与 ASML 公司合作开发“半导体创新实验室”，利用虚拟仿真技术模拟光刻机操作场景，学生在虚拟环境中测试设计方案后再进行实体设备调试。美国社区学院依托“职业群(Career Clusters)”框架，联合微软、谷歌等企业开发“微认证”(Micro-Credentials)体系，学生通过完成企业发布的开放式创新任务(如 AI 算法优化)获得技能认证。瑞士职业院校则构建了“创新螺旋”协同网络，企业向院校提供研发资金，院校则为企业输送定制化人才，并通过“创新成果共享协议”分配知识产权收益。

国外职业院校在技能型拔尖创新人才培养方面，校企合作与协同机制虽已取得显著成效，但仍面临诸多挑战。一方面，企业参与动力不足的问题普遍存在，尤其是中小型企业因资源限制难以长期投入。例如，许多企业在参与校企合作时，会面临较高的运营成本，而这些成本与收益之间的矛盾使得企业对投放人力和物力持谨慎态度。此外，学校在选择合作企业时，倾向于依赖行业领军和技术实力雄厚的企业，这种高门槛限制了合作的广度，影响了整体的协作效果。另一方面，技术快速迭代导致合作协议滞后于市场需求。例如，德国的“双元制”教育模式曾因传统制造业向数字化转型缓慢而遭遇适配危机。针对这些挑战，各国尝试通过政策杠杆与技术创新破局。芬兰通过税收减免激励企业捐赠实训设备，降低企业的参与成本。澳大利亚 TAFE 学院引入区块链技术构建“技能学分银行”，实现企业需求与院校培训的实时匹配，提高了合作的效率和精准度。未来，校企合作将更强调生态化与韧性。例如，欧盟“绿色技能联盟”计划(2023)要求企业与职业院校共同开发碳中和课程，培养兼具技术创新能力与可持续发展意识的人才。这种合作模式不仅有助于应对技术变革，还能促进教育与产业的深度融合，为培养适应未来市场需求的高素质人才提供有力支持。

4. 师资建设与评价体系

国外职业院校技能型拔尖创新人才培养的师资建设与评价体系，始终以“实践导向”与“动态适应性”为核心原则，强调教师角色从知识传授者向创新引导者的转型。19 世纪末至 20 世纪初，德国“双元制”教育率先提出“双师型”教师标准，要求职业教师兼具教育学背景与企业实践经验，企业技师须通过教学法培训方可参与授课。这一理念在 20 世纪中叶被北欧国家借鉴，芬兰于 1970 年代颁布《职业教育教师法》，规定职业教师每五年须重返企业完成至少 3 个月的技能培训，以确保教学内容与产业技术同步。美国则通过《帕金斯职业教育法案》(1984)设立“技术教育教师资格认证”，要求教师掌握跨学科课程设计能力，并参与企业技术攻关项目。进入 21 世纪，日本提出“创造性指导力”概念，将教师创新能力纳入考核指标，例如职业院校教师须指导学生完成至少一项专利或技术改进方案方可晋升。

在师资培养的国际协同方面，欧盟通过“伊拉斯谟＋”计划(2021—2027)推动跨国师资交流，例如德国职业教师赴西班牙参与可再生能源项目实训，并将经验融入本国课程设计。瑞士职业院校与跨国企业合作开发“全球师资培训平台”，教师可通过虚拟现实(VR)技术模拟不同国家的产业场景，提升跨文化教学能力。然而，师资建设仍面临结构性矛盾。例如，技术迭代速度远超教师培训周期，导致部分教师难以掌握前沿工具；企业导师与学校教师的角色冲突也影响协同效果，德国双元制曾因企业技师教学能力不足引发质量争议。对此，荷兰戴尔福特理工学院提出"教师—技师共生培养模式"，要求教师与企业导师共同参与研发项目，通过实践协作弥合理念差异。

国外职业院校在评价体系创新方面展现出动态化与多元化的特征。英国在 1990 年代引入了"创新素养档案袋"，通过记录学生项目成果、协作能力与问题解决过程，替代了传统的标准化测试。这种档案袋评价方式充分发挥了学生的学习主体性，促进了学生的目标设定及自我评价，辅助教师从不同角度和渠道收集学生资料，实现真正意义上的以评促学。德国基于行动导向教学理论，开发了"四维评价模型"，从"技术熟练度""创新思维""团队协作"与"伦理责任"四个维度综合评估教师教学效果与学生能力成长。这种多维度的评价方式有助于全面衡量学生的能力发展，而不仅仅是单一的学术成绩。新加坡的"教学工厂"模式则采用企业导师与学校教师的"双盲评价"机制，双方独立对学生的实践项目进行打分，并以加权平均结果作为最终认证依据。这种评价机制确保了评价的客观性和全面性，同时也加强了校企之间的紧密合作。数字化技术的应用进一步推动了评价体系的革新。澳大利亚 TAFE 学院利用区块链技术构建"技能学分银行"，将学生的微证书、项目成果与企业反馈实时上链，形成不可篡改的能力成长档案。这种技术的应用不仅提高了评价的透明度和安全性，还为学生的终身学习提供了有力的支持。欧盟 EQAVET 框架则通过大数据分析教师教学行为与学生成绩的关联性，动态优化教师培训方案，从而提升教学质量。这些创新的评价体系不仅提升了教育质量，还为学生的未来发展提供了更全面的支持和保障。

未来趋势显示，师资建设将更注重"韧性"与"可持续性"。芬兰计划将"绿色教学能力"纳入教师资格认证，要求教师掌握碳中和技术与循环经济理念；联合国教科文组织倡导通过人工智能辅助教师培训，例如开发 AI 导师系统分析教师课堂表现并提供实时改进建议，从而提升教师的教学质量与适应能力。此外，欧盟"数字教育行动计划"(2020)则要求职业教师掌握数据伦理与网络安全技能，以应对智能化教学场景的潜在风险。这些变革不仅重塑了教师的职业内涵，也为技能型拔尖创新人才培养提供了坚实的师资保障。

综上所述，国外职业院校在技能型拔尖创新人才培养方面的研究呈现出理论融合化、实践本土化和技术前沿化三大特征。教育学、心理学与产业技术理论的交叉渗透形成了动态能力模型，为学生全面发展和创新能力培养提供了理论基础。各国基于自身文化传统和产业特征构建了差异化培养模式，如德国"双元制"的严谨性和北欧情境化学习的灵活性。虚拟现实、区块链等前沿技术的应用重塑了教学场景和评价体系，推动了创新能力培养向智能化、个性化发展。然而，研究仍面临技术迭代滞后、跨学科协作机制不完善和企业参与动力不足等挑战。未来，动态适应性将成为理论发展的核心方向，通过开放式课程框架和全球—本地双重视角平衡技术创新与区域需求，同时强化教师创新素养和数字化教学能力，构建具有韧性的拔尖人才培养生态系统。这些探索为我国职业教育改革提供了重要参考，尤其在产教融合机制、数字化转型路径与创新评价体系建设等方面具有借鉴价值。

2.1.2　国内技能型拔尖创新人才培养研究现状

国内职业院校技能型拔尖创新人才培养研究历经四十余年探索，构建起具有中国特色的理论体系。从早期能力本位教育到数字化转型下的类型教育定位，理论研究始终紧扣“产教融合”“创新驱动”主线。学者们通过本土化理论创新，推动课程体系向工作过程系统化转型。政策导向下，1＋X 证书制度、“岗课赛证综合育人”等理论框架不断完善，为职业教育改革提供学理支撑。当前研究呈现复合能力培养、实证研究深化与国际对话拓展三大趋势，既回应了产业升级需求，也为全球职业教育创新贡献中国方案。

1. 人才培养理论研究

我国职业院校技能型拔尖创新人才培养理论研究历经四十余年发展，形成了具有中国特色的理论体系。早期研究可追溯至 1990 年代，杨金土率先提出“能力本位教育”理论，强调职业能力与创新意识的协同培养，为后续研究奠定基础。进入 21 世纪后，理论建构进入快速发展期，姜大源提出的“职业能力发展理论”系统阐释了技术技能人才创新能力的三维结构模型，将专业能力、方法能力与社会能力纳入统一框架。同期，石伟平在《比较职业技术教育》中通过国际比较研究，指出德国“双元制”与日本“企业内教育”对本土化理论创新的启示。赵志群的“工作过程系统化课程理论”突破传统学科体系，构建了基于典型工作任务的课程开发模型，被广泛应用于教学实践。

随着政策导向的强化，理论研究呈现多维拓展态势。徐国庆在《职业教育课程论》中提出“实践导向课程理论”，主张通过真实生产情境激发学生创新思维。王继平基于改革开放 40 年实践提炼出“四链融合”理论，强调教育链、人才链与产业链、创新链的深度耦合。在数字化转型背景下，董刚提出的“数字孪生技术赋能理论”为虚拟仿真教学提供了新范式，而李梦卿提出的的“类型教育定位理论”则从职业教育作为独立教育类型的视角重构了人才培养逻辑。值得注意的是，政策理论研究同步深化，2019 年《国家职业教育改革实施方案》提出的 1＋X 证书制度催生出“书证融通”理论体系，2021 年《关于推动现代职业教育高质量发展的意见》则衍生出“岗课赛证综合育人”理论框架。

近年来，职业教育理论研究聚焦于四大热点方向，包括能力结构模型构建、课程开发方法论、产教融合机制以及质量评价体系。在能力结构模型方面，匡瑛提出的“T 型能力矩阵”强调了专业深度与跨领域广度的结合，为职业教育人才培养提供了新的理论依据。课程开发方法论研究中，周建松的“三课堂联动”理论通过整合不同课堂资源，为课程开发提供了创新思路。产教融合机制研究中，曾天山的“四维协同”理论致力于加强职业教育与产业的紧密结合，提升学生的实践能力和职业素养。而在质量评价体系方面，王丹中最新构建的“五维动态评价模型”从学生发展、教育教学、服务贡献、办学环境、国际合作五方面对职业教育质量进行综合评价，为质量评估提供了新的方法。这些理论突破不仅推动了职业教育学科的发展，还为相关政策的制订，如《职业教育专业目录（2023 年版）》等，提供了坚实的学理支撑。当前理论研究呈现三个显著趋势：由单一技能训练向复合创新能力培养转型，由经验总结向实证研究深化，由本土探索向国际对话延伸。

2. 课程体系与教学改革研究

国内职业院校课程体系与教学改革研究始终围绕“实践性”与“创新性”两大核心展开理论探索。早期研究以学科体系改造为切入点，黄尧提出“工作过程导向”课程理念，强调课程内容与职业活动的对应关系，这一理论成为 21 世纪初课程改革的奠基性成果。2005 年赵志群团队引入德国学习领域课程模式，系统构建了基于典型工作任务的模块化课程体系，推动了“学科逻辑”向“工作逻辑”的范式转型。随着产教融合政策的深化，徐国庆提出“实践性知识优先”原则，主张通过企业真实项目重构课程内容，其《职业教育项目课程开发指南》成为教学改革的重要理论依据。

2014 年《国务院关于加快发展现代职业教育的决定》首次提出“课程内容与职业标准对接”要求，由此催生出“岗课融通”理论研究热潮。石伟平提出“四维动态调整模型”，将产业技术变革、职业资格标准、教学资源供给、学生发展需求纳入课程更新机制。数字化转型背景下，匡瑛构建的“虚实融合课程体系”突破了传统教学时空限制，而李政提出的“AI 赋能的个性化学习路径”则为精准教学提供了新思路。在教材建设领域，曾天山系统阐释了“活页式教材”开发理论，其“动态更新、模块组合”理念被教育部《“十四五”职业教育规划教材建设方案》(2021 年)直接吸纳。

教学改革理论研究聚焦三大方向：一是教学模式创新，如周建松提出的“三课堂联动”模式，整合理论课堂、实训工场与企业现场；二是教学方法论革新，王继平构建的“情境—任务驱动教学法”成为行动导向教学的典型范式；三是评价体系重构，徐兰开发的“五维能力测评模型”实现了从知识考核向创新能力评估的转变。国际比较研究为本土改革提供重要参照，姜大源通过对比德国“学习领域”与澳大利亚“培训包”课程模式，提炼出“标准引领、能力递进”的课程开发通则。近年政策理论研究持续深化，2023 年《职业教育专业教学标准》的颁布标志着“标准体系驱动”课程改革进入新阶段。

3. 师资队伍建设研究

国内职业院校师资队伍建设研究始终围绕“双师型”教师培养与专业化发展展开系统性探索。早期研究聚焦教师基本能力标准，如陈永明(1998)首次提出“技术＋教育”双元能力模型，奠定了教师专业化发展的基础。2005 年王军提出“双师型教师核心素养框架”，将企业实践能力与教学创新能力并列为核心指标，这一框架被教育部《关于建立中等职业学校教师到企业实践制度的意见》(2008 年)直接采纳。随着产教融合政策推进，李进构建“三维成长模型”，提出教师职业发展需经历“技能熟练期—教学创新期—产教融合期”三阶段跃升。

2014 年《国务院关于加快发展现代职业教育的决定》明确“双师型教师占比”量化目标，推动研究向纵深发展。徐国庆提出“教师专业发展共同体”，强调校企协同培养机制；赵志群通过国际比较发现德国“企业培训师认证制度”对国内教师能力标准建设的启示。数字化转型背景下，匡瑛构建“数字素养金字塔模型”，将教师数字能力划分为工具应用、资源开发、教学创新、数据决策四个层级。政策导向型研究持续深化，2019 年《国家职业教育改革实施方案》提出的“教师企业实践基地”制度，催生出李梦卿提出的“三阶螺旋式”教师实践能力培养方式。

人才培养理论研究聚焦四大方向：一是教师能力标准体系构建，如曾天山开发的“双师型教师能力指标体系”；二是师资培养模式创新，如周建松提出的“校企双栖”培养模式实现企业工程师与学校教师的角色互通；三是师资评价机制改革，如王丹中构建的“增值性评价模型”突破传统绩效考核局限；四是师资国际化发展路径，如姜大源通过分析澳大利亚 TAFE 学院师资建设经验，提出“标准引航、本土转化”的国际化培养策略。近年来，研究呈现三大趋势：人工智能技术驱动教师角色转型，如董刚提出的“AI 协同型教师能力框架”；“产业学院”建设催生“跨界教师团队”理论；政策体系完善推动“分层分类培养”理论发展。

4. 质量评价体系创新

国内职业院校技能型拔尖创新人才培养质量评价体系的创新研究，体现为评价标准、方法与技术的系统性变革。早期评价以技能达标为导向，1999 年原国家教委确立“技能操作＋理论考试”二元评价模式。2005 年深圳职业技术学院试点“企业参与式评价”，引入西门子、华为等企业技术标准作为考核依据，这一研究被《关于全面提高高等职业教育教学质量的若干意见》(2006 年)推广至全国。2014 年教育部启动“职业院校教学工作诊断与改进”专项，推动北京电子科技职业学院等院校开发“数据驱动的质量预警平台”，实现教学过程动态监测。

产教融合政策加速评价体系创新，2016 年常州工程职业技术学院联合中车集团实施“岗位胜任力雷达图评价法”，从 6 个维度量化学生创新能力。2019 年 1＋X 证书制度落地后，重庆工业职业技术学院将华为 HCIA 认证标准嵌入课程考核，形成“课证互认”评价机制。数字化转型实践取得突破，2021 年浙江金融职业学院应用“数字孪生技术”构建虚拟仿真实训评价系统，可实时采集操作精度、问题解决效率等 12 项指标。

评价技术创新研究呈现三大特征：其一，智能化评价工具广泛应用，如广东轻工职业技术学院开发的“AI 课堂行为分析系统”，通过表情识别、语音分析等技术评估学生创新思维活跃度；其二，区块链技术保障评价公信力，南京信息职业技术学院建成“能力成长链”，实现技能证书、项目成果等数据的不可篡改存证；其三，多主体协同评价成为常态，2023 年教育部《职业教育质量评价指南》明确要求企业、行业组织参与评价，苏州工业园区职业技术学院联合博世公司建立“双导师评分制度”，企业评价权重占比提升至 40％。

当前评价体系创新研究聚焦四个实践维度：标准层面，58 所“双高计划”院校全面对接新一代职业标准，如黄河水利职业技术学院将“BIM 技术应用等级”纳入水利专业核心课程考核；方法层面，虚拟现实评价、过程性证据链评价等新方法覆盖全国 72％的高职院校；技术层面，大数据分析平台在省级以上优质校应用率达 89％；制度层面，23 个省份已建立省级质量评价数据中心，实现校际评价数据互联互通。这些实践创新为《职业教育专业教学标准(2023 年版)》的制定提供了实证基础。

国内研究形成“政策驱动—理论创新—实践验证”三位一体发展格局:理论本土化构建起“四链融合”“虚实融合课程体系”等原创性框架;实践导向性推动“双师型”教师培养、“五维动态评价”等创新模式落地;技术赋能加速虚拟仿真实训、AI 课堂行为分析等数字化转型。然而,研究仍面临区域发展不均衡、国际标准对接不足等挑战。未来须强化“岗课赛证”深度融合,推进师资数字化能力升级,构建适应智能制造与绿色经济需求的创新人才培养体系,助力职业教育从“规模扩张”向“质量跃升”战略转型。

2.2　实践现状分析

2.2.1　国外实践现状分析

1. 国家政策出台实施

发达国家通过顶层设计构建起创新人才培养的制度框架。德国以《联邦职业教育法》为基石,2020 年修订版强制规定企业承担 60%的实训课时,配套 4.2 亿欧元创新基金重点投向 AI 与绿色技术领域,其“三证合一”认证体系实现职业资格与学历教育的深度融通。瑞士建立行业主导的四级人才标准,政策强制企业将营业额的 1.5%用于创新培训,ABB 集团技术岗位员工年均接受 146 小时创新方法论训练,联邦政府同时对职业院校科研转化项目给予 75%经费补贴。新加坡“技能创前程”战略系统化推进创新模块开发,34 个行业委员会制定的 124 个技能模块覆盖数字经济等前沿领域,政府为公民配置的 500 新币终身学习积分驱动职业院校学生年均参与 3.2 个跨学科项目。澳大利亚通过《国家技能协议》全面推进 TAFE 体系数字化转型,17 亿澳元专项投入建设的 VR 实训系统已在新南威尔士 TAFE 实现创新能级评估工具的应用,其国家资格框架将“复杂问题解决能力”列为所有证书的核心考核指标。日本“地域共创学院”计划则要求职业院校与中小企业三年内完成三个技术创新项目,配合“创新人才特别签证”政策,大阪工业高等专门学校学生团队年均斩获 23 项实用新型专利,形成技术研发与人才留用的闭环生态。

2. 学校实践落实现状

国际顶尖职业院校通过空间重构、课程革命与评价创新培育拔尖人才。德国慕尼黑应用技术大学打造的“工业 4.0 创新工场”整合机械工程、信息科学与商业管理学科,与西门子合作的智能工厂数字孪生项目近五年产出 17 项红点设计奖成果,技术转化率达 38%。瑞士洛桑酒店管理学院设立“全球餐饮创新实验室”,采用设计思维与精益创业双模教学法,学生毕业前须完成商业原型验证,其与米其林餐厅的合作机制使毕业生在高端服务业创新岗位占据优势。新加坡南洋理工学院构建“无界化创新生态”,智慧校园创新走廊联通三大院系实验室，模块化学分银行体系允许跨专业累计创新实践学分，这种机制助力该校在2023年日内瓦发明展斩获6金12银。美国麻省理工学院职业教育部开设“从实验室到市场”全链条课程，运营的创新工场年均支持150个创业项目，近三年孵化出新能源领域独角兽企业SparkThermo。芬兰于韦斯屈莱理工学院聚焦碳中和技术创新，与诺基亚合作的5G智慧能源管理实训项目，使学生设计的废旧电池回收机器人推广至欧洲12国。韩国国立交通大学建设的元宇宙创新实验室，已实现跨时空协作研发，标志着培养载体向虚拟空间延伸。

3. 国外实践总结

国际实践呈现政策工具组合化、培养模式融合化、技术应用前沿化三大特征。政策设计层面，立法保障与资金杠杆形成组合拳，德国2023年追加的AI人才培养预算同比增长23%，瑞士的行业标准与税收优惠形成双向约束。培养模式上，跨学科创新空间与“技术+商业”课程成为标配，MIT的创业课程覆盖从专利撰写到融资路演全链条，澳大利亚TAFE的VR实训系统实现复杂场景模拟。技术应用方面，大数据与区块链深度嵌入评价体系，新南威尔士TAFE的创新能级评估工具量化分析专利产出，南京信息职业技术学院的能力成长链实现数据可信存证。前沿探索中，元宇宙与量子计算快速渗透培养体系，韩国国立交通大学的虚拟研发实验室已支持跨国团队协作，澳大利亚TAFE计划2024年开设量子计算基础课程。支撑体系呈现三大转向：认证体系从单一技能向创新能级拓展，日本将专利数量纳入毕业考核；培养主体从院校主导向政企校协同转变，德国IHK商会深度参与课程开发；文化生态从成果导向向包容失败转型，洛桑酒店管理学院设立创新风险补偿基金。这些实践为我国职业教育改革提供了制度设计、模式创新与技术应用的立体化参照。

2.2.2 国内实践现状分析

1. 国家政策出台实施

我国通过顶层设计构建起技能型拔尖创新人才培养制度体系。2010年《国家中长期教育改革和发展规划纲要》首次提出“培养高素质技能型创新人才”，明确了职业教育创新发展的战略方向。2014年《国务院关于加快发展现代职业教育的决定》启动现代学徒制试点，中央财政累计投入87亿元支持建设200个校企协同创新中心。2019年“职教20条”提出实施“双高计划”，立项建设197所高水平高职学校和389个专业群，明确要求“培养具有国际竞争力的技术技能人才”。2020年《职业教育提质培优行动计划》提出“创新人才培优工程”，在56所院校试点拔尖学生专项培养计划。2022年《关于深化现代职业教育体系建设改革的意见》推行“现场工程师专项培养计划”，首批遴选423家企业与职业院校联合培养1.2万名技术创新人才。2023年《职业教育产教融合赋能提升行动实施方案》要求“每个专业群对接一个链主企业”，中央预算内投资30亿元支持建设50个国家级产教融合创新平台。政策实施成效显著，截至2023年，全国职业院校累计建成产教融合型企业2.8万家，培育技术技能创新服务平台 1 200 余个，形成“国家示范—省级重点—校级特色”三级培养体系。

2. 学校实践落实现状

职业院校通过多元路径探索技能型拔尖创新人才培养模式。深圳职业技术学院构建“华为 ICT 学院＋比亚迪产业学院”双轮驱动体系，近三年学生团队获国际红点设计奖 9 项，孵化科技型企业 27 家，技术成果转化收益突破 5 000 万元。重庆电子科技职业大学立足成渝双城经济圈建设，与长安汽车共建“智能网联汽车产业学院”，开发“车路云协同”实训系统，学生团队参与研发的 V2X 通信模块已应用于长安 UNI－K 等量产车型，近两年获发明专利授权 14 项，技术转让收入达 1 200 万元。该校联合中科院重庆研究院设立“工业互联网创新中心”，学生在 2023 年全国工业互联网安全技术大赛中包揽前三名，开发的设备预测性维护系统在西南地区 35 家制造企业部署，降低设备故障率 42％。黄河水利职业技术学院依托水利工程专业群，联合中国电建集团建设“数字孪生流域创新中心”，学生参与研发的智能巡检机器人应用于南水北调工程，减少人工巡检工作量 73％。浙江机电职业技术学院打造“人工智能工匠班”，引入阿里云工程师认证体系，毕业生在工业机器人系统集成领域起薪达 1.2 万元/月，高出常规专业毕业生 38％。数字化转型方面，广州番禺职业技术学院建成元宇宙虚拟仿真实训基地，开发“数字工匠能力画像系统”，通过采集 1.2 万个行为数据点实现个性化培养方案动态调整。竞赛引领成效显著，2023 年全国职业院校技能大赛设立“智能硬件装调”“工业互联网集成应用”等 19 个战略性新兴产业赛项，参赛学生创新成果获专利授权 632 项，同比增加 45％。

3. 实践总结

国内实践呈现政策驱动体系化、产教融合纵深化、培养模式多样化三大核心特征。政策体系方面，形成“中央统筹—部委协同—地方创新”的三级推进机制，2023 年数据显示省级政府累计出台 327 项配套政策，89％的地级市设立职业教育创新发展试验区。产教融合纵深发展体现在三个层面：空间载体上，58 所“双高”院校建成“校中厂”“厂中校”创新实践基地；制度创新上，山东等 12 个省份试点“校企双聘”制度，企业技术骨干带薪参与教学；成果转化上，2022 年职业院校技术交易合同金额达 47.8 亿元，较 2018 年增长 320％。培养模式呈现四大创新方向：产业学院模式覆盖 71％的高水平专业群，如常州信息职业技术学院的“腾讯云人工智能学院”；现场工程师计划在高端装备制造领域培养 6 800 名专项人才；数字化培养方面，全国建成 235 个虚拟仿真实训基地，开发 XR 课程资源 12.8 万学时；竞赛育人方面，“岗课赛证”融通培养覆盖 92％的工科专业。现存挑战体现为区域发展不均衡，东部院校平均专利授权量是西部的 4.6 倍；评价体系亟待完善，仅 23％的院校建立创新素质多维评价模型。未来趋势将聚焦三大方向：数字化转型深化，教育部计划 2025 年前建成 300 个元宇宙实训基地；国际认证接轨，深圳职业技术大学率先开展德国 AHK 证书本土化认证；创新生态构建，浙江试点“中高本硕”一体化培养通道，构建技术技能人才成长立交桥。

2.2.3 困境与挑战

在国家政策的强力推动下，我国职业教育已初步形成规模化发展格局，但技能型拔尖创新人才的培养仍面临深层次的结构性矛盾。尽管《国家职业教育改革实施方案》等顶层设计明确了产教融合、创新驱动的发展方向，但在政策执行层面，地方政府与企业的协同机制尚未完全理顺。东部地区通过税收优惠、专项补贴等政策杠杆吸引企业参与职业教育，校企合作成效显著；而中西部地区因经济基础薄弱，企业参与职业教育的动力不足，导致校企合作流于形式。例如，部分中西部职业院校与本地企业共建的实训基地中，设备更新滞后于行业标准，教学内容与生产实际脱节问题较为突出。这种政策执行的区域差异，使得创新人才培养的制度红利未能充分释放，制约了职业教育整体质量的提升。

1. 评价体系的滞后性成为创新能力提升的关键制约

传统评价模式仍以技能考证通过率、竞赛获奖数量等显性指标为主，对创新思维、跨学科协作等隐性能力缺乏科学评估工具。虽然部分院校引入了"五维动态评价模型"，但在实际操作中，企业导师参与度不足、评价标准模糊等问题普遍存在。例如，山东省某高职院校的校企双导师评分机制中，企业导师因时间精力限制，仅对 23% 的学生项目进行了实质性指导，导致评价结果失真。此外，数字化评价工具的应用仍停留在数据采集层面，如浙江省某院校开发的"数字工匠能力画像系统"，虽能记录 1.2 万个行为数据点，但缺乏对创新潜力的深度挖掘算法，难以实现个性化培养方案的动态调整。

2. 师资队伍的结构性矛盾尤为突出

尽管"双师型"教师占比已达 47%，但教师队伍整体创新能力不足的问题仍未解决。调查显示，72% 的职业院校教师缺乏参与企业技术研发的经历，部分教师对人工智能、区块链等新兴技术的掌握滞后于产业需求 3～5 年。德国"双元制"教育中"教师—技师共生培养模式"的本土化尝试遭遇水土不服，校企双方在培养目标、考核标准上的分歧导致协同效果不佳。例如，江苏省某职业院校与机器人企业共建的师资培训项目中，企业导师因教学法培训不足，未能有效将工业 4.0 技术标准转化为教学内容，影响了创新人才培养质量。

3. 数字化转型的技术壁垒与成本压力并存

虽然全国已建成 235 个虚拟仿真实训基地，但优质数字资源的共建共享机制尚未形成。高职院校在虚拟现实（VR）、增强现实（AR）等技术应用上存在"重硬件轻内容"现象，如广东省某院校投入 800 万元建设的元宇宙实训平台，因缺乏配套的教学资源库，使用率不足设计容量的 30%。同时，教师数字素养的提升速度滞后于技术迭代，调查显示，仅有 38% 的教师能熟练运用智能教学工具设计创新项目。这种技术应用的"孤岛效应"，使得数字化转型未能有效赋能创新人才培养。

4. 区域发展的不均衡性加剧了资源分配矛盾

东部省份高职院校平均科研经费是西部省份的 5.3 倍，技术成果转化收益差距高达 12 倍以上。以深圳职业技术学院为例，其与华为、腾讯等企业共建的创新平台年均产出专利 42 项，而西部某省示范院校全年专利授权量不足 10 项。这种马太效应导致中西部院校在吸引企业合作、引进高端师资等方面处于劣势，创新人才培养陷入“资源匮乏—质量低下—吸引力弱”的恶性循环。尽管教育部实施“东部带西部”行动计划，但跨省域的协同机制尚未建立，资源流动仍以单向输出为主，难以形成可持续的创新生态。

5. 国际竞争力不足的问题日益凸显

近年来，我国职业教育在国际化和质量提升方面取得了一定进展，但与国际先进标准的对接仍存在明显差距。部分院校虽已开展德国 AHK 证书的本土化认证试点，但对接深度不足，仍停留在表面。以瑞士职业教育为例，其“创新螺旋”培养模式强调技术创新与商业转化的紧密结合，而我国院校在课程设置中普遍缺乏创业方法论、知识产权管理等关键内容，难以满足全球化产业竞争对创新型人才的需求。

此外，职业教育在国际舞台上的话语权依然薄弱。在全球技能标准制定中，我国的参与度不足 15%，这种被动地位进一步限制了创新人才培养的国际化进程。随着“一带一路”倡议的深入推进，跨国校企合作项目逐渐暴露出文化差异、法律冲突等问题。例如，在中德联合培养项目中，两国职业资格认证体系的差异导致部分毕业生在就业认证时遇到障碍。

这些困境的根源在于职业教育体系尚未完成从规模扩张向质量提升的战略转型。要突破这一瓶颈，需要构建“政府引导、企业主导、院校创新”的协同机制，在评价体系重构、师资能力升级、数字化生态建设等方面取得实质性突破。未来，应进一步优化政策工具，如建立校企合作税收抵扣的动态调整机制；推动评价标准的国际化，将国际标准引入质量认证体系；加快人工智能与教育教学的深度融合，开发自主知识产权的智能评价系统。通过这些举措，才能真正培养出适应产业变革需求的技能型拔尖创新人才，为制造强国战略提供坚实支撑。

第3章　职业院校技能型拔尖创新人才经验图谱

3.1　国外技能型拔尖创新人才培养经验

在全球化竞争加剧与技术革命纵深发展的双重驱动下，世界各国纷纷将技能型拔尖创新人才培养提升至国家战略高度。德国、美国、芬兰、日本等教育强国立足本土实践，构建了各具特色的技能型拔尖创新人才培养体系，其核心经验可归纳为治理模式的协同性、培养机制的创新性与评价体系的包容性。

3.1.1　治理模式的协同性：多元主体共治的教育生态网络

普通高等教育技能型拔尖创新人才培养涉及教育系统内外多重利益相关者，德国、美国等国家通过构建多元主体协同治理机制，形成教育链、人才链与产业链的无缝衔接。

1. 德国：跨部门协同的“双元制”治理范式

德国职业教育被誉为“秘密武器”，其核心在于构建了政府、企业、学校三方联动的治理网络。以“双元制”职业教育为例，联邦政府通过《联邦职业教育法》明确企业参与职业教育的法定义务，企业须为学徒提供实训岗位并支付薪酬；州政府主导职业学校建设，确保理论教学与企业需求匹配；行业协会则负责制定职业标准与考核认证。这种“法律—资金—执行”三级联动机制，使德国青年失业率长期低于欧盟平均水平。

在技能型拔尖创新人才培养中，德国进一步拓展了“双元制”的边界。例如，德国“双元制”以企业培训为核心，学生与企业签订培训合同，同时注册职业院校。例如，巴登-符腾堡州通过《职业学院法》明确企业须承担实训责任，学生每周在企业实践3～4天，学校理论教学1～2天。通过“理论学习＋项目实践”的双轨路径，培养兼具技术专长与创新能力的工程师。这种模式中，州政府设立专项基金支持企业研发，高校与企业共建实验室，形成“知识转化—技术创新—人才培养”的闭环。研究表明，“双元制”职业教育的学生在专利申请与技术转化率上高出普通学生37％。

2. 美国：市场竞争驱动的弹性治理体系

美国高等教育历来强调市场导向与多元竞争，其技能型拔尖创新人才培养呈现鲜明的

“去中心化”特征。以荣誉教育为例，美国高校通过“开放招生＋动态分流”机制，打破传统精英教育的封闭性。例如，亚利桑那州立大学荣誉学院取消标准化考试成绩门槛，转而采用“学术潜力档案”综合评估申请者资质，近五年录取率从 35％提升至 48％，学生背景多样性指数增长 41％。

在治理层面，美国高校普遍设立独立荣誉学院，赋予其课程设置、经费分配的自主权。以加州理工学院“创新实验室”为例，该实验室由学校董事会、企业赞助商与学术委员会共同管理，每年吸引全球 200 余名顶尖本科生参与前沿研究。这种治理模式使该校本科生参与科研的比例达 89％，人均发表论文数较普通学生高出 2.3 倍。

3. 芬兰：社会参与的跨界治理实践

芬兰职业教育以“全民技能战略”为核心，构建了政府、企业、工会、社区四位一体的治理体系。2018 年芬兰通过《技能宪章》，明确了规定企业须为学徒提供不低于工资总额 25％的培训补贴。在技能型拔尖创新人才培养中，芬兰推行“职业卓越中心”计划，整合高校、企业与科研机构资源。例如，阿尔托大学与诺基亚共建的 5G 技术中心，不仅为本科生提供沉浸式研发环境，还通过“青年创新基金”资助学生创业项目，孵化出多家独角兽企业。

芬兰青年失业率降至 5％以下，职业教育毕业生的平均起薪较欧盟平均水平高出 22％（数据来源：世界经济论坛《全球竞争力报告》）。世界经济论坛《全球竞争力报告》显示，芬兰在“技能匹配度”与“终身学习”两项指标上十年蝉联榜首。

3.1.2　培养机制的创新性：从单一路径到多元融合

各国在技能型拔尖创新人才培养中突破传统学科壁垒，通过课程重构、教学革新与实践强化，构建了多元化的人才成长通道。

1. 课程体系的跨界融合

德国“双元制”专业通过“模块化课程包”实现理论与实践的深度整合。以慕尼黑应用科学大学“智能制造工程师”项目为例，课程包含 30％基础理论、40％企业实训与 30％跨学科研究，学生须完成“工业 4.0 技术验证”等综合性项目。这种设计使毕业生在复杂问题解决能力上超出普通毕业生 40％。

美国高校则通过“荣誉课程”体系推动学术创新。哈佛大学“通识教育改革”中，拔尖学生可选择“科学、技术与社会”等跨学科模块，辅以“导师制研讨课”与“全球田野调查”。数据显示，参与此类课程的学生在研究生入学考试中成绩提升 28％，创新创业意向增强 35％。

2. 教学方法的范式革新

德国职业教育首创“行动导向教学法”，强调“做中学”与“反思性实践”。在西门子技术学院，学生通过“虚拟仿真—原型制作—市场测试”三阶段项目，掌握从产品设计到商业落地的完整流程。该方法使学徒的技术创新成功率提高 56%，企业满意度达 92%。

美国高校则广泛应用“翻转课堂＋项目式学习”模式。麻省理工学院“创新实验室”要求学生以团队形式开发智能硬件，课程考核包括专利申请、商业计划书与技术演示。该模式培养的学生中，83%在毕业后三年内实现技术转化，人均创办企业估值超百万美元。

3. 实践平台的生态构建

德国通过“工业 4.0 能力中心”搭建区域性实践网络，整合 16 个联邦州的产业集群资源。例如，鲁尔工业区的“智能采矿实训平台”汇聚了 30 余家矿业公司与科研机构，为学生提供真实场景下的技术攻关机会。这种实践模式使毕业生岗位适应周期缩短 60%，创新成果转化率提升至行业平均水平的 3 倍。

美国高校则依托“创新创业生态系统”推动技术商业化。斯坦福大学“StartX 孵化器”为拔尖学生提供种子基金、法律顾问与产业导师，成功孵化出谷歌、惠普等科技巨头。该平台年均孵化项目 200 余个，技术转化收益超 10 亿美元，形成“校园创新—企业孵化—产业反哺”的良性循环。

3.1.3　评价体系的包容性：从选拔淘汰到持续发展

传统精英教育以考试成绩为单一评价标准，而德国、美国等国通过构建动态化、多维度的评价体系，实现人才培养质量的持续提升。

1. 动态监测与反馈机制

德国建立“职业能力成长追踪系统”，对双元制学生进行全生命周期评估。该系统涵盖采用“职业能力多维评估模型”（通过雷达图展示沟通能力、技术熟练度等 6 项指标）、“技术创新档案袋”等工具，每学期生成阶段性评估报告，毕业时形成完整成长档案。数据显示，接受追踪指导的学生职业晋升速度较未追踪群体快 2.1 倍，离职率降低 43%。

美国高校则采用“荣誉积分制”替代传统绩点评价。加州大学伯克利分校荣誉学院设定“学术创新”“社会贡献”“跨文化协作”等 12 项指标，学生通过参与科研、公益或国际项目获取积分。这种评价体系使拔尖学生的综合素质达标率提升至 98%，用人单位满意度达 95%。

2. 弹性分流与终身发展

德国职业教育实施“阶梯式晋升通道”，优秀学徒可通过“职业学士”“技术硕士”等路径进入高等教育。例如，奥迪汽车公司学徒可通过“双元制硕士项目”获得亚琛工业大学学位，晋升周期缩短 35%。这种机制使技术工人的终身学习参与率达 82%，高技能人才储备量居全球首位。

美国高校推行“荣誉学分银行”，允许学生将企业实践、国际交流等经历折算为学分。密歇根大学“全球领袖计划”规定，学生完成跨国企业实习可获得 3 个荣誉学分，参与国际志愿者服务可抵扣选修课学分。这种弹性机制使拔尖学生的跨文化胜任力提升 67%，国际就业竞争力显著增强。

3. 社会价值导向的评估维度

芬兰职业教育引入“社会贡献度评估”，将学生参与社区服务、环保项目等纳入评价体系。拉赫蒂应用科学大学的“智慧城市”项目中，学生须为残障人士设计无障碍交通方案，其成果由市民代表、企业高管与学术专家共同评分。这种评价模式使毕业生的社会责任感得分高出普通学生 24%，就业匹配度提升至 91%。

美国高校则通过“影响力投资”评估创新成果的社会价值。斯坦福大学“社会创新实验室”要求学生项目必须解决实际社会问题，如医疗资源分配、气候变化应对等。数据显示，参与此类项目的学生创业成功率高出行业平均水平 15%，企业 ESG(环境、社会、治理)评级显著优于同行。

综上，德国、美国、芬兰等国的实践表明，技能型拔尖创新人才培养须打破教育系统的封闭性，构建政府、企业、学校、社会协同共治的生态网络。通过治理模式的创新、培养机制的革新与评价体系的包容，不仅能够释放个体的创新潜能，更能推动教育体系与产业变革的同频共振。未来，随着人工智能、大数据等技术的渗透，技能型拔尖创新人才培养将更加强调跨界融合、终身学习与社会责任，这为我国职业教育改革提供了重要的国际借鉴。

3.2　普通高等教育技能型拔尖创新人才培养经验

3.2.1　理论框架:从单一智力观到多元能力导向

普通高等学校技能型拔尖创新人才培养的理论根基经历了从传统智力理论到多元智能观的范式转变。美国心理学家霍华德·加德纳提出的多元智能理论突破了传统 IQ 测试的局限，强调个体在语言、逻辑、空间、音乐、人际交往等八个维度的差异化潜能。这一理论为高等教育破除“唯分数论”提供了科学依据——技能型拔尖创新人才并非仅由考试成绩定义，而是在特定领域展现出卓越创造力、批判性思维或实践能力的复合型人才。

中国高等教育学会会长瞿振元指出：“技能型拔尖创新人才培养的本质是激发学生内在的创新禀赋，这需要教育体系从标准化生产转向个性化培育。”(瞿振元，2021)。这与美国教育心理学家兰祖利的资优教育三环理论形成呼应，后者强调天赋(aptitude)、创造力(creativity)与任务投入(task commitment)的三维互动。在此理论框架下，普通高等教育开始重构人才培养目标，从单纯的知识传授转向创新素养培育。

3.2.2 课程体系重构:通专融合与跨学科整合

1. 通识教育与专业教育的辩证统一

清华大学实施的"通识教育基础上的宽口径专业教育"模式颇具代表性。该校通过"清华学堂人才培养计划",在数学、物理等基础学科领域建立书院制培养体系,要求学生在完成专业核心课程的同时,修读涵盖哲学、伦理、艺术等领域的通识课程。数据显示,参与该计划的学生在学科交叉创新能力上较普通班级提升40%(清华大学教育研究院,2022)。

浙江大学则探索"大类招生—通识培养—专业分流"的进阶式课程体系。新生入学后不分专业,接受为期一年的通识教育,重点培养科学思维与人文素养。这种模式使学生在专业选择时更具自主性,跨学科专业报考率从改革前的12%提升至35%(浙江大学本科生院,2023)。

2. 跨学科课程的创新实践

北京大学前沿交叉学科研究院的"整合科学"本科项目是跨学科培养的典范。该项目打破传统学科壁垒,将物理学、化学、生物学、信息科学等学科知识进行模块化重组,设计出"生物分子动力学""定量神经科学"等交叉课程。这种课程体系使毕业生在科研创新中展现出更强的问题解决能力,其SCI论文发表量是普通班级学生的2.3倍(北京大学前沿交叉学科研究院,2022)。

上海交通大学推出的"致远荣誉计划",通过设立数学+物理、化学+材料等交叉学科模块,构建了"核心课程+弹性拼图"的课程结构。学生可根据兴趣选择研究方向,完成至少两门跨学科课程的学习。统计显示,该计划毕业生进入QS前100高校深造的比例达82%(上海交通大学教务处,2023)。

3.2.3 评价机制创新:从量化考核到多元发展性评价

1. 等级制改革的破冰之旅

北京大学生命科学学院的等级制改革具有标志性意义。该院自2022年起在专业课程中全面推行A—F五级评分制,取消GPA计算,转而采用"优秀率(A%)+优良率(AB%)"的综合评价体系。这种改革有效缓解了学生的分数焦虑,调查显示83%的学生表示更愿意选修挑战性课程(北京大学教务部,2023)。其配套措施包括:

① 科研实践纳入课程评价:实验课程成绩30%来自研究报告创新性。

② 过程性评估权重提升:课堂参与、小组研讨等环节占40%。

③ 多元认证体系构建:社会实践、国际竞赛等非学业成果可转换为学分。

2. 动态评价模型的构建

浙江大学实施的“素质能力雷达图”评价体系，从单一成绩维度扩展到包含学术创新能力（30%）、团队协作能力（25%）、国际视野（20%）、社会责任感（15%）、心理韧性（10%）六个维度的综合评估。这种模型不仅能精准识别学生特长，还能发现传统评价中被忽视的潜在创新者。试点专业的数据显示，采用新评价体系后，学生专利申请量增长 210%（浙江大学本科生院，2023）。

3. 第三方评价机制的引入

复旦大学与麦肯锡公司合作开发的“全球胜任力评估体系”，从认知、人际、内在三个层面构建评价指标。该体系包含跨文化沟通能力、数据分析能力、可持续发展意识等 12 项核心指标，通过模拟联合国会议、国际商业案例分析等真实场景进行评估。参与试点的学生在国际顶级期刊发表论文的比例提升 65%（复旦大学国际合作处，2022）。

3.2.4　跨学科培养模式：从实验室到创新生态圈

1. 科研育人平台的创新实践

清华大学“学术启航计划”建立“导师—研究生—本科生”三级科研联动机制。本科生从大二开始进入国家重点实验室，在导师指导下开展前沿研究。该计划实施以来，累计孵化出 23 个学生主导的创新创业项目，其中“智能骨科手术机器人”项目获全国“互联网＋”大赛金奖（清华大学研究生院，2023）。

华中科技大学打造的“工程科学创新中心”，通过虚拟仿真实验平台、智能制造实训工厂等载体，构建了“理论教学—虚拟仿真—实操训练—创新实践”的四阶培养体系。该中心培养的学生在机器人世界杯等国际赛事中蝉联三年冠军（华中科技大学教务处，2022）。

2. 校企协同育人机制

上海交通大学与华为公司共建的“智能基座”产教融合基地，采用“课程嵌入＋项目实战”的培养模式。企业深度参与课程设计，在操作系统、人工智能等核心课程中引入真实工程案例。这种模式使学生的工程实践能力提升 58%，毕业生入职华为等头部企业的比例增长 3 倍（上海交通大学就业中心，2023）。

中山大学与腾讯公司合作的“数字医疗创新实验室”，采用“双导师制”培养模式。校内导师负责理论指导，企业导师聚焦技术转化，学生在医疗影像分析、智慧诊疗系统等领域开展创新实践。该实验室已孵化出 5 个医疗 AI 初创项目，获风险投资超亿元（中山大学医学院，2023）。

3. 创新生态系统建设

浙江大学建立的“求是科创联盟”，整合校内12个国家级重点实验室、校外30家行业龙头企业、5个国家重点实验室的资源，构建了“创意激发—技术研发—成果转化”的全链条创新生态。该联盟成立以来，累计支持学生创新项目420项，催生出“仿生软体机器人”“新型疫苗佐剂”等重大创新成果(浙江大学国家大学科技园，2023)。

3.2.5 政策支持与制度保障

1. 国家层面的顶层设计

教育部实施的“拔尖计划2.0”构建了“1＋N”政策体系：“1”是指《关于在部分高校开展基础学科招生改革试点工作的意见》(“强基计划”)，“N”包括经费保障、导师配备、国际交流等18项配套措施。截至2023年，“强基计划”已覆盖全国39所“双一流”高校，年度培养规模达6 000人(教育部高等教育司，2023)。

2. 高校自主权的落实

南京大学实施的“三三制”人才培养改革，赋予学院在招生计划、课程设置、评价体系等方面更大自主权。该校设立的“匡亚明学院”，可自主制定培养方案，实施弹性学制，允许学生跨学科选课。改革后，学院学生继续深造率达92%，远高于全校平均水平(南京大学教务处，2022)。

3. 资源配置机制创新

西安交通大学建立的“技能型拔尖创新人才专项基金”，每年投入3 000万元专项经费，用于支持学生科研创新、国际交流、实践实训等。该基金采用“竞争性申报＋滚动支持”机制，累计资助学生创新项目1 200项，孵化出“氢燃料电池无人机”等产业化项目18个(西安交通大学基金会，2023)。

3.2.6 实践案例：中国高校的创新探索

1. 北京大学“元培学院”的通识教育实践

元培学院打破传统院系壁垒，构建“核心课程＋自由选课”的培养模式。学生入学后不分专业，通过“古典语文学”“科学与社会”等跨学科课程夯实基础，大三时再根据兴趣选择专业方向。这种模式培养出诺贝尔奖获得者屠呦呦式的通才型创新人才，毕业生中已有8人当选两院院士(北京大学元培学院，2023)。

2. 清华大学“钱学森力学班”的个性化培养

钱班首创“一人一策”培养方案，为每位学生配备三位导师（学业导师、科研导师、成长导师），制定个性化发展路径。该班采用“挑战性课程＋科研实战＋国际游学”的三维培养模式，学生人均参与科研项目 2.7 项，发表论文 3.2 篇，60％毕业生进入麻省理工学院、加州理工学院等世界顶尖学府（清华大学航天航空学院，2023）。

3. 复旦大学“住宿书院制”的育人探索

复旦大学的志德、腾飞等六大书院，构建了“学业发展中心＋朋辈导师团＋学术启航计划”的支持体系。书院通过“经典阅读研讨”“跨学科工作坊”等活动，营造浸润式育人环境。数据显示，书院制学生批判性思维测试得分高出普通班级 24％，毕业生创业率提升至 8.7％（复旦大学书院办公室，2023）。

3.2.7　挑战与对策：构建可持续的创新生态系统

1. 应对“分数崇拜”的文化惯性

尽管普通高等教育在教育创新中等级制改革取得初步成效，但 GPA 文化的影响依然根深蒂固。清华大学教育研究院的调研显示，65％的用人单位仍将 GPA 作为招聘门槛（清华大学教育研究院，2023）。破解这一困境需要：

① 推动用人单位评价体系改革，建立能力导向的招聘标准。

② 完善学分银行制度，实现不同高校间等级制成绩的互认。

③ 加强生涯规划教育，引导学生关注能力发展而非分数竞争。

2. 突破跨学科培养的制度瓶颈

当前跨学科培养仍面临课程体系刚性、师资结构单一等障碍。建议采取以下措施：

① 建立跨学科课程认证机制，允许学生跨校选修课程。

② 实施“双聘教授”制度，鼓励企业专家参与课程开发。

③ 构建跨学科评价标准，将技术创新能力纳入职称评审体系。

3. 完善创新支持的生态系统

为持续提升拔尖人才培养效能，须着力构建三大支撑体系：

① 资源保障体系：设立专项基金支持高风险创新项目。

② 发展指导体：建立从入学到就业的全周期指导机制。

③ 质量监控体系：构建包含创新能力、社会贡献等多维度的评估模型。

普通高等教育在技能型拔尖创新人才培养方面已形成“理论重构—课程创新—评价改

革—生态构建”的完整经验体系。未来须进一步打破学科壁垒、深化产教融合、完善制度保障，构建更具包容性和可持续性的创新生态系统。正如北京大学校长龚旗煌院士所言：“技能型拔尖创新人才培养不是选拔少数精英，而是创造让每个学生都能绽放创新潜能的教育环境。”

3.3 职业教育技能型拔尖创新人才培养经验

3.3.1 政策驱动下的制度创新

职业教育技能型拔尖创新人才培养离不开国家顶层设计的强力支撑。近年来，国家密集出台系列政策文件，构建起“三阶递进”的政策保障体系。2019 年《国家职业教育改革实施方案》首次提出“双高计划”，遴选 56 所高职院校开展高水平学校建设，重点打造技术技能创新服务平台。2021 年《职业教育提质培优行动计划》明确要求“推动具备条件的普通本科高校向应用型转变”，为职业教育纵向贯通奠定制度基础。2022 年新修订的《中华人民共和国职业教育法》以法律形式确立“职业教育是与普通教育具有同等重要地位的教育类型”，为拔尖人才培养扫清制度障碍。地方层面，江苏率先实施“卓越技师培养计划”，浙江推行“中高职一体化改革”，山东打造“职教高考制度”，形成各具特色的区域实践模式。

在制度创新层面，“岗课赛证”综合育人是典型案例。深圳职业技术学院构建的“课证共生共长”模式，将华为 HCIA、西门子认证等 1＋X 证书标准融入课程体系，实现专业教学标准与职业资格标准的精准对接。据统计，该校电子信息工程技术专业学生双证书获取率达 98.6%，毕业生年均起薪达 8.2 万元，高于普通本科同类专业 15%。这种制度创新有效破解了职业教育“学历天花板”困境，为拔尖人才开辟了成长新通道。

3.3.2 培养模式的迭代升级

职业教育拔尖人才培养逐步形成“三维协同”培养范式。在纵向维度，构建“中职—高职—职业本科—专业硕士”衔接通道，天津中德应用技术大学首创的“四年制本科高端装备制造专业”，采用“校企双导师＋项目化教学”模式，学生毕业设计课题来自空客 A320 总装线等真实项目，近三年就业率保持 100%。横向维度，推进“职普融通”改革，南京工业职业技术大学与南京理工大学联合开设“机械电子工程”专业，实行学分互认、课程互通，首批招生录取分数超过本科线 32 分，彰显职业教育吸引力。

典型案例中，金华职业技术学院的“五维协同”培养体系颇具特色。该校数控技术专业群构建“大师引领、项目贯穿、赛证融合”的培养路径：聘请 8 位大国工匠担任产业教授，带领学生参与国产大飞机 C919 部件加工项目；推行“课赛证”融通，学生获省级以上技能竞赛奖项 300 余人次；实施“双导师制”，企业导师参与人才培养方案制定率达 100%。该模式培养的学生获全国技术能手称号 3 人，专利授权 27 项，成果转化经济效益超千万元。

3.3.3　课程体系的深度重构

课程体系改革呈现“三化融合”特征。基础课程模块强调“素养奠基”，常州机电职业技术学院在“机械制图”课程中融入红色工匠精神教育，开发“大国工匠故事”微课资源包，学生职业认同感提升 42%。核心课程模块突出“技术赋能”，无锡职业技术学院与施耐德电气共建“工业互联网”课程，引入企业真实项目案例 200 余个，教学内容更新周期缩短至 6 个月。拓展课程模块注重“跨界融合”，广东轻工职业技术学院开设“数字创意与智能制造”交叉课程，学生完成智能家居设计方案 300 余套，获国际设计大奖 5 项。

教学方法创新呈现“三新并举”态势。虚拟仿真技术广泛应用，黄河水利职业技术学院建成“智慧水利”虚拟仿真实训基地，学生可在虚拟环境中完成黄河凌汛抢险等高难度实训，实训安全率提升至 100%。项目化教学深入实施，长沙民政职业技术学院老年服务与管理专业推行“医养结合”项目教学，学生主导设计的智能养老监护系统获全国创新创业大赛金奖。翻转课堂普遍推广，北京电子科技职业学院汽车检测与维修专业采用“课前线上自学＋课中研讨实践”模式，学生故障诊断效率提升 35%。

3.3.4　校企协同的育人机制

校企合作模式呈现“三链联动”特征。产业链与教育链深度融合，苏州工业园区职业技术学院与博世汽车共建“智能制造产业学院”，企业投入设备总值超 2 000 万元，共建“工业 4.0 实训中心”，学生参与奔驰 EQC 生产线数字化改造项目，培养出具备国际认证资质的技术骨干 200 余人。创新链与人才链精准对接，成都航空职业技术学院与中航工业成飞集团实施“雏鹰计划”，企业专家全程参与人才培养，学生参与歼－20 配套零件研制项目，3 人获评“航空工业技术能手”。价值链与培训链有机衔接，海尔集团与 11 所高职院校共建“工业互联网学院”，开展 1＋X 证书培训 12 万人次，员工技能等级提升带来生产效率提高 23%。

典型案例中，山东商业职业技术学院的“双主体四阶递进”培养模式值得借鉴。该校与鲁商集团共建新零售产业学院，构建“认知实习（大一）—跟岗实习（大二）—轮岗实习（大三）—顶岗实习（大四）”四阶培养体系。企业投入真实经营场景作为教学场所，学生参与银座商城数字化转型项目，累计完成商品陈列优化方案 400 余份，销售额提升 18%。该模式培养的学生获省级以上技能竞赛奖项 67 项，就业率达 99.2%，薪资水平较普通班高出 40%。

3.3.5　师资队伍的建设路径

师资队伍建设形成“三师融合”格局。专业教师“技术化”转型加速，广东科学技术职业学院实施“百名博士进企业”计划，38 位博士在格力电器等企业设立工作室，完成技术攻关项目23项，获专利授权41项。企业导师“教学化”培养体系完善，宁波职业技术学院建立“双师型”教师企业实践基地28个，企业导师参与课程开发率达72%。兼职教师“专业化”管理规范，南京信息职业技术学院制定了《产业教授聘任管理办法》，23位产业教授主导开发课程标准18项，教学满意度达96.7%。

典型案例中，重庆工业职业技术学院的“双带头人”培育工程成效显著。该校模具设计与制造专业群遴选8名教学名师与8名技能大师组成“双带头人”团队，校企联合攻关汽车轻量化模具技术，获重庆市科技进步二等奖。团队成员主持国家级教学资源库1个，开发活页式教材8部，学生获全国职业院校技能大赛一等奖6项，团队带头人入选国家“万人计划”教学名师。

3.3.6　质量评价的体系创新

质量评价体系呈现“三维多元”特征。评价主体多元，黄河水利职业技术学院构建“学校＋企业＋第三方”评价矩阵，引入麦可思等第三方机构开展毕业生跟踪调查，就业质量报告公信力显著提升。评价内容多维，深圳信息职业技术学院制定了《拔尖人才培养质量标准》，设置技术创新、工艺革新、专利发明等12项核心指标。评价方式多样，金华职业技术学院开发了“技能雷达图”评价系统，从技能精度、创新维度、发展势能等6个维度进行可视化呈现。

典型案例中，无锡商业职业技术学院的“增值评价”改革颇具启示。该校物流管理专业群建立“五维成长档案”，跟踪记录学生技能证书获取、创新项目参与、社会实践成效等数据。数据显示，参与拔尖人才培养的学生岗位晋升速度较普通班快2.3倍，创业成功率高出4.7个百分点，真正实现“人人出彩”的教育目标。

职业教育技能型拔尖创新人才培养是一项系统工程，需要在政策保障、模式创新、课程改革、产教融合、师资建设、评价优化等方面形成合力。当前实践中形成的“岗课赛证融通（岗位需求、课程体系、技能竞赛、职业资格证书的深度融合）”“职普融通贯通”“校企双元育人”等经验，为高素质技术技能人才培养提供了有效路径。未来须进一步深化产教城融合，推进数字化转型，完善终身学习体系，构建更具包容性和适应性的职业教育生态系统，为实现教育强国建设目标注入强劲动力。

实 践 篇

第4章 盯苗子，实施精准化选拔

盯苗子是指通过职业启蒙蕴幼苗、贯通衔接识优苗、动态筛查选壮苗、靶向匹配擢特苗四个阶段，建立幼苗、优苗、壮苗、特苗的“选育贯通”路径，实现对职业教育技能型拔尖创新人才苗子的早期识别、发现、评估与持续关注。

通过盯苗子，精准识别、评估与发现技能型拔尖创新人才苗子，有利于后续技能型拔尖创新人才的培养，为培养更多优秀的职业教育技能型拔尖创新人才建立充分的人才储备，打下坚实的基础。

4.1 职业启蒙蕴幼苗

4.1.1 职业启蒙蕴幼苗的内涵

职业启蒙蕴幼苗是指为了高质量培养职业教育技能型拔尖创新人才，在中小学及以下阶段学校、社区等通过开展志愿服务活动、科普活动对学生进行职业启蒙教育，在启蒙教育过程中实施科学的选拔方案，发现职业教育技能型拔尖创新人才幼苗的过程。

4.1.2 职业启蒙蕴幼苗相关研究概述

很多学者从推进职普融通方面开展了研究，温贻芳等认为应根据不同年级学生特点和需求，系统设计职业启蒙教育课程，使职业院校成为稳定的中小学职业启蒙、劳动教育实践基地。赵长珂等认为应鼓励、引导普通中小学增加与职业教育相关的教学内容，利用劳动教育课、技术课以及课内外和校内外活动开展职业启蒙教育。[6]一些学者从职业启蒙教育理论与实践方面进行了研究，曹峰认为走出职业启蒙教育困境，应遵循以职业情感教育为优先性逻辑、职业认知教育为基础性逻辑、职业实践教育为支撑性逻辑、职业审美教育为终极性逻辑的理论进路，科学系统推进。韦卫等认为职业启蒙教育不仅是现代职业教育的基础原点，也是基础教育阶段职业生涯教育、全生命周期教育的重要构成。

综上所述，开展在中小学及以下阶段学校、社区等开展职业启蒙教育，发现职业教育技能型拔尖创新人才幼苗对推进职普融通，促进中小学生多元发展，促进职业教育人才培养，

---

[6] 赵长珂，吴雪萍.教育强国建设背景下推进职普融通的价值与策略[J].中国职业技术教育，2025(1)：35-41.

培养更多职业教育技能型拔尖创新人才具有重要意义与价值。

4.1.3　职业启蒙蕴幼苗的实施路径

1. 创新种子启蒙

在中小学及以下阶段，通过“三下乡”“返家乡”等社会实践载体开展志愿服务活动，在秀山县中寨村、武陵山村等乡村社区开展科技项目体验、技艺传承指导，对幼儿园、小学生创新种子进行职业启蒙，学校打造了特色鲜明、种类多样、内容丰富的大学生社会实践活动，采取“分散＋集中”“线上＋线下”相结合的方式，积极开展“三下乡”社会实践活动组织动员工作，“技能科普”志愿服务项目获挑战杯重庆市银奖。

2. 创新幼苗发现

学校依托中国科协机器人科普工作室、重庆市智能机器人科普基地、重庆市青少年创新人才培养雏鹰计划合作馆院等平台，通过“全国科普日、全国科技周、科普进校园、科普进社区”等系列活动，深入重庆市两江机器人中心、北碚状元小学、龙凤桥小学、重庆市北碚区朝阳小学、红河小学、盛德沙坪坝小学、北碚区云清路社区、沙坪坝陈家桥社区、重庆市大学城学苑社区等学校、社区开展科普互动体验活动，在活动中通过科普专家开展“线上＋线下”结合的科普讲座，进行深入地科普讲解，科普作品现场实物展示、运用数字媒体、虚拟现实技术展示，引导中小学生进行科技项目互动体验，进行科普作品体验操作，激发普通教育青少年好奇心、想象力，同时在开展科普活动过程中，科普专家通过观察测试评估学生的动手能力、专注度、创新思维、问题发现能力、批判性思维、作品设计能力、团队协作能力，自主学习能力等素质与能力，发现创新幼苗，将创新幼苗纳入到建立的幼苗库中，长期关注成长。发现的创新幼苗经过培育，在机器人、软件编程等比赛中取得了较好的成绩。

4.2　贯通衔接识优苗

4.2.1　贯通衔接识优苗的内涵

贯通衔接识优苗是指依托与重庆市育才职业教育中心、重庆市工艺美术学校、重庆市永川职业教育中心等中职学校开展的“三·二分段制”和“五年制”合作办学，在数字媒体技术、新能源汽车运用与维修、虚拟现实技术应用等专业开展中高职衔接人才培养，通过在课程教学中识别、合作培养中发现、实战训练中评估，精准选拔出优秀苗子的过程。

4.2.2　贯通衔接识优苗相关研究概述

关于通过中高职衔接，实现技能型拔尖创新人才贯通培养的研究既有理论的探讨也有实践经验的总结。丁才成等开展了中高职衔接贯通培养技能型拔尖创新人才研究，认为高职教育的快速发展和中高职衔接贯通“立交桥”的搭建为技能型拔尖创新人才的培养提供了基础保障和时间保障。张万秋等认为优秀拔尖人才培养要重视实践能力培养，锻炼学生的动手能力、创新意识。较强的实践应用能力是优秀拔尖人才区别于技能型拔尖创新人才的关键点。[7]周丽认为中高职衔接过程中，中职后学生普遍具有动手能力较强、知识文化基础薄弱的特征，因此主动适应学生的学习特征，强化实践环节，设计真实的工作任务，可以有效提高学生的学习兴趣、学习的主动性和积极性。刘任庆等介绍了湖南汽车职教集团遵循能力递进原则，明确中职培养“汽车护士”、高职培养“汽车医生”的人才培养目标；按照职业成长规律，系统构建“能力递进”的课程体系，开发系统的中高职专业人才培养标准（含人才培养方案、核心课程标准、专业技能抽查标准），解决了中高职教育定位不准、内容重复的问题。

4.2.3　贯通衔接识优苗的实施路径

1. 中高职协同开展优苗选育

学校与重庆市酉阳职业教育中心、重庆市奉节职业教育中心、重庆市开州巨龙中等职业技术学校等中职学校联合开展优苗选育，在汽车制造与试验技术、旅游服务与管理、计算机平面设计等专业实施合作办学，共同制定人才培养方案、课程标准、授课计划，共同进行教学设计，共同实施课堂教学，共同开展教学评价，打造了中高职衔接贯通培养高水平师资团队、开发了数字化教学资源，在实施中高职衔接贯通培养过程中，共同发现素质高、平时上课表现好、学习力强、完成任务持续投入度高、项目任务完成质量高的优秀苗子。

2. 遴选能力初显苗子

在中职日常教学过程中，授课教师团队通过协作，共同制定教学方案，精心准备教学资源，科学构建课程评价指标体系。在教学实施过程中，通过对考勤、课堂任务完成情况、课堂表现、作业完成情况、章节测验情况等数据进行采集，然后对采集的数据进行综合分析，形成学生课程学习数据分析报告，在进行综合评估的基础上，依据学习力测试结果、项目任务完成质量、平时上课表现等情况初步遴选出能力初显苗子。

3. 遴选潜能优异苗子

中高职教师组成的专家团队通过会议讨论、文献研究，研制出潜能优异苗子选拔方案，精选出适合在初显苗子基础上，开展进一步选育的训练项目，对初显苗子进行进一步培育，通过技能竞赛训练、生产实践项目训练、实战项目训练，对选出的苗子进行强化训练，依据比赛成绩、综合考察情况、项目完成效率与质量、心理测评结果、任务完成效率精选出素质

[7] 张万秋，钱坤. 高职院校优秀拔尖人才培养机制研究[J]. 教育与职业，2014(30)：32-33.

高、抗压能力强、专注度高、发展可持续的潜能优异苗子，纳入优苗库并持续跟踪培育，最终培育出全国职业院校技能大赛获奖选手等优秀中职学生。

4.3　动态筛查选壮苗

4.3.1　动态筛查选壮苗的内涵

动态筛查识壮苗是指为满足发展新质生产力对人才的需求，适应新技术、新业态、新模式、新产业发展，培养更多的能工巧匠、大国工匠，培养具有工匠精神的职业教育技能型拔尖创新人才，进一步创新育人机制，提高人才培养质量，针对生源个体差异，探索不同培养路径，满足学生多元需求，促进学生个性发展，促进教师教学创新，营造人人努力成才、人人皆可成才、人人尽展其才的良好环境；在高职阶段实施卓越技术技能人才“龙翔”计划和“马跃”计划项目，学校专业教学团队、科研团队根据团队优势与培养目标进行项目申报，学校择优立项，立项团队根据选拔方案，科学进行学生壮苗选拔的过程。

4.3.2　动态筛查选壮苗相关研究概述

高职阶段培养技能型拔尖创新人才，关键的一环是如何选出合适的壮苗，学者们也开展了相关的研究。张军侠等以高职城市园林专业为例，阐述实施分类培养、分层教学的人才培养模式的改革与实践，充分体现“以生为本”的教育理念，满足“人尽其才”的愿景，实现技术技能型拔尖人才的培养。王斌等提出要构建“双学院双主体”运行机制、更新传统教育理念、加强“双师”队伍建设、构建创新课程体系、构建分阶段协同育人培养机制、创新教学评价模式等人才培养路径。

4.3.3　动态筛查选壮苗的实施路径

首先，深化产教融合、校企合作，项目团队组建由学校教学名师与企业技能工匠组成的导师团队，项目负责人组织团队制定工匠工坊学生选拔方案、项目实施方案，学生评审立项后，导师团队按照选拔方案进行壮苗选拔。项目选拔动态进行，分为初始选拔与培养过程选拔。选拔方案示例如下：

每学期期末实行“自愿选择、适时分流、适量增补”的进入与转出机制。学生自愿提出加入工匠工坊申请，申请需要明确自己到工作工坊的学习目标、学习计划、具备的专业基础、可以投入到工匠工坊训练的时间精力等，由学校教师和企业工匠组成的导师团队通过申请材料审核，组织学生面试、技能初步测评等方式进行学生选拔，学生通过选拔后进入工匠工坊学习训练；每学期结束后，由工匠工坊项目组对工匠工坊学生进行综合评定。经过项目组评定，不适合继续在工匠工坊继续学习的同学，经工匠工坊项目组向学院学校申请，按照学校学院相关管理办法完成相应审批流程后，退出工匠工坊学习。

在初始选拔阶段，学生根据自己的兴趣爱好、专业基础、工坊需求与能力要求进行报名，导师组通过限时培养测试、专业知识考察、抗压能力测试，分类选拔出学习能力强、与工坊方向匹配度高的苗子，导师组根据工匠工坊培养目标，通过限时培养（比如 1 小时知识技能讲解），马上进行测试的方法评估学生知识技能学习的效率与能力，通过理论考试、技能测试考察学生的专业基础能力，通过心理测试、短期项目完成情况测试学生的抗压能力。每个工坊都有自己的培养方向，比如技能竞赛型工坊，主要培养参加技能竞赛的优秀选手；科研项目型工坊主要培养学生参加科研项目，进行技术攻关；生产实践型工坊主要培养学生完成技术研发与社会服务项目。工坊导师组根据工坊的培养目标，学生综合测评的情况，初步选拔出合适的壮苗。

初步选拔完成后，学生进入培养阶段，在培养过程中，学生需要签订任务书，并在导师组的指导下，完成基础项目能力训练、综合项目训练、技能竞赛项目训练、科研项目训练、技术研发与社会服务项目训练，在培养过程中，企业工匠导师主要负责技术指导，学校教师制定并实施训练方案。在培养过程中，企业工匠导师和学校教师需要对每一位学生的学习情况、工坊表现情况、项目完成情况、项目完成质量、技能竞赛成绩进行数据采集，动态为学生匹配不同难度、不同类型的项目，促进学生的个性发展，并根据采集的数据和导师团队考察的结果，对初步选拔的学生进行动态调整，动态筛选出综合素质高、专业技能强的壮苗。

选拔出来的壮苗纳入壮苗库并重点关注培育，学校通过实施壮苗选育，培养了全国职业院校技能大赛一等奖获得者李跃玉、中华人民共和国职业技能大赛光电技术项目金牌选手商峻宁等卓越壮苗。

4.4　靶向匹配擢特苗

4.4.1　靶向匹配擢特苗的内涵

靶向匹配擢特苗是指在前一阶段通过动态筛查选出来的壮苗基础上，进一步通过数智平台，对壮苗进行进一步监测，形成学生画像，再通过导师团队进行跟踪培育监测、训练测试，根据素质、能力、发展潜力等选出职业教育技能型拔尖创新人才特苗的过程。

4.4.2　靶向匹配选拔相关研究概述

如何精准选拔出技能型拔尖创新人才特苗，培养出综合素质高、专业技能强的技能型拔尖创新人才，学者们从各个方面开展了研究。李翠翠等认为可以通过明确培养目标，实施创新人才分类培养计划；完善评价体系，建立创新人才长效评价机制；创新培养模式，发挥多主体协同培养优势等策略，激发技术技能人才成长发展的内生动力及技术创新活力。刘晓军认为拔尖创新技术技能人才的评价体系对拔尖创新技术技能人才的培养质量有着重大影响。

4.4.3　靶向匹配擢特苗的实施路径

首先，学校运用监测系统，根据项目建立苗子技能档案，主要记录苗子的专业基础知识、技能特长、技能竞赛获奖经历、项目成果、职业生涯规划等。记录苗子成长轨迹，对学生在工匠工坊的学习表现、取得的成绩，参加项目训练情况等进行数据采集与存储，通过数据分析，运用数据可视化技术形成苗子数据画像，然后再通过人工智能算法预测苗子发展趋势，发现学生特质专长，筛选出一批特苗储备人才。

为选出来的特苗储备人才匹配匠师团队，进行生产实践项目、技能竞赛项目和科技研发项目项目协同培养。通过产教融合、校企合作，对学生进行真实项目强化训练，匠师团队在企业真实场景测试学生技能水平。同时，导师团队定期进行阶段项目成果总结，评估每一位特苗储备人才在项目完成过程中的贡献与创新思维发挥情况，对测试结果和评估结果进行综合分析。导师团队深入研讨每一位特苗储备人才的发展潜力，选出拔尖特苗，将特苗纳入特苗库并强化培育，培养了世界技能大赛光电技术项目金牌选手李小松、“全国技术能手”田钭、“全国五一劳模”唐跃辉等技能型拔尖创新人才。

第 5 章　建工坊,实施协同化育塑

5.1　多跨协同建工坊

5.1.1　多跨协同的理念与内涵

1. 多跨协同的核心理念

多跨协同的核心思想在于突破传统职业教育的局限,通过跨主体、跨领域、跨层级的深度合作,打造一个全方位、多层次的协同育人体系。这一理念主张职业教育不应仅仅局限于学校的内部活动,而应与产业、社会、政策等外部环境紧密结合,形成一个有机的生态系统。

通过多跨协同,可以优化教育资源的配置,提高教育与产业的契合度,增强职业教育的适应性和竞争力,使其更好地服务于产业升级和经济高质量发展。这种模式不仅有助于打破职业教育的边界,还能推动教育与产业的深度融合,为培养适应新时代需求的高素质人才提供有力支撑。

2. 多跨协同的内涵

(1) 跨主体协同:多方资源整合与合作

跨主体协同的核心在于职业教育中不同主体之间的资源整合与协作。职业教育的高质量发展需要政府、行业组织、企业、学校等多方共同参与。政府通过政策支持和资金投入,为校企合作提供保障;行业组织则发挥桥梁作用,促进企业技术需求与学校教学内容的精准对接;企业通过投入技术、设备等资源,参与工坊建设、项目指导,为学生提供贴近实际的实践环境;学校则利用自身的教育优势,为企业提供人才培养和技术研发支持。通过这种多方协作,职业教育能够打破单一主体的局限,形成一个互利共赢的协同育人体系,实现教育资源的高效利用,推动教育与产业的深度融合。

具体实现策略大致如下:

① 政府层面:政府应通过政策支持和资金投入,为校企合作提供保障。例如,制定相关政策,如税收优惠、专项补贴等,激励企业积极参与职业教育。同时,设立产教融合发展专

项基金，优化审批流程，支持职业院校与企业共建实训基地和创新平台。此外，政府还应结合自身科技和产业基础，推动区域内高校、科研机构和企业的深度合作，形成区域创新生态系统。[8]

② 行业组织层面：行业组织应发挥桥梁作用，促进企业技术需求与学校教学内容的精准对接。例如，组织企业与学校共同制定人才培养方案，确保课程内容与行业需求紧密结合。同时，行业组织可以搭建资源共享平台，促进校企之间的信息交流与资源流动，如建立行业案例库、虚拟仿真教学资源库等，帮助学校培养“所培即所用”的人才。[9]

③ 企业层面：企业应投入技术、设备等资源，参与工坊建设、项目指导，为学生提供真实的实践环境。例如，设置“岗位精英杯”等竞技活动，支持学生跨专业、跨岗位实训。此外，企业还应与学校建立长期稳定的合作关系，如共建产业学院、技术研发中心等，推动校企合作从短期项目向战略伙伴关系转变。[10]

④ 学校层面：学校应利用自身的教育优势，为企业提供人才培养和技术研发支持。例如，根据行业需求优化课程设置，将理论教学与实践教学紧密结合。同时，加强“双师型”教师队伍建设，通过企业实践流动站、校企联合导师组等方式，提升教师的实践能力和教学水平。[11]

通过以上策略，职业教育能够实现不同主体之间的资源整合与深度协作，打破单一主体的局限，推动教育与产业的深度融合，为技能型拔尖创新人才的培养提供有力支撑。

（2）跨领域协同：教育链、产业链、创新链与政策链的深度融通

跨领域协同在职业教育中扮演着至关重要的角色，它着重于职业教育与产业、社会、政策等不同领域的深度融合。具体来说，教育链与产业链的融合体现在学校课程设置紧密贴合企业生产实际，确保学生所学知识和技能能够直接满足产业需求。这种融合不仅有助于学生更好地适应未来的工作环境，也使得职业教育更具有针对性和实用性。

创新链的融入则通过学校与企业共同开展技术研发、项目攻关等活动，推动技术创新与人才培养的协同发展。这种合作模式不仅能够提升学校的科研能力，还能为企业提供创新动力，实现双方的互利共赢。

政策链的支持则体现在政府出台相关政策，为教育与产业的深度融合提供制度保障。这些政策包括但不限于财政支持、税收优惠、土地供应等，为职业教育的发展创造了良好的政策环境。

通过跨领域协同，职业教育能够实现技术研发、人才培养与产业升级的深度嵌套，从而

[8] 董海妍．我国职业教育政策发展困境及解决路径——基于社会政策的基本要素分析[J]．教育进展，2021，11(6)：2365-2370.

[9] 沈娟．我国职业教育“产教融合”政策执行进展，问题及对策研究[J]．中国职业技术教育，2021(18)：55-64.

[10] 王馨，吴晴晴，崔立．产教融合背景下职业教育多元协同治理研究[J]．教育教学论坛，2024(41)：131-134.

[11] 韩茹．政策工具视角下我国职业教育产教融合政策分析[J]．职业教育发展，2024，13(6)：2425-2435.

提升职业教育对产业发展的支撑能力，更好地服务于产业升级和经济高质量发展。这种协同模式有助于打破传统职业教育的局限，推动职业教育向更加开放、灵活和高效的方向发展。

(3) 跨层级协同:构建三级能力培养体系

跨层级协同在职业教育中是一种递进式的培养模式，其核心内涵在于通过构建“基础实训→应用开发→创新攻关”的三级能力培养体系，为学生搭建能力成长的梯度通道，满足不同阶段学生的能力发展需求。这种模式不仅注重学生技能的逐步提升，还强调理论与实践的深度融合，最终实现技能型拔尖创新人才的全程培养，助力职业教育在层次递进中实现质量跃升。

基础实训阶段是学生能力培养的起始环节，主要目标是夯实学生的基本技能。这一阶段依托校内实训基地和企业实习岗位，为学生提供系统的实践训练。课程设置涵盖专业基础理论知识和基本操作技能，例如机械加工、电气控制、编程基础等。通过模拟真实工作场景的实践教学，学生能够掌握行业通用的基础技能，为后续的学习和实践奠定坚实基础。例如，学生可以在校内实训基地进行车床操作、焊接练习等基础技能训练，同时通过企业短期实习，初步了解实际工作环境和岗位要求。这一阶段的重点是帮助学生增强实践能力，确保他们能够在未来的学习和工作中顺利完成更复杂的任务。

应用开发阶段是学生能力培养的进阶环节，旨在提升学生的应用能力和解决实际问题的能力。这一阶段以项目驱动为引领，组织学生参与实际项目开发。学生在教师和企业工程师的指导下，将基础理论知识和基本技能应用于实际项目中，解决具体问题。课程设置包括项目管理、团队协作、问题解决等应用能力培养内容。例如，学生可以参与企业的真实项目，如智能设备的组装与调试、自动化生产线的优化等，通过实际操作和团队协作，提升其应用能力和实践能力。这一阶段不仅帮助学生巩固基础技能，还培养了他们在复杂环境中独立思考和解决问题的能力，为后续的创新实践做好准备。

创新攻关阶段是学生能力培养的高级环节，着重于培养学生的创新能力。这一阶段鼓励学生参与前沿技术研发和创新项目，挑战复杂的技术难题。课程设置包括前沿技术讲座、创新实践课程、科研项目参与等。学生在这一阶段将接触到行业最新的技术和理念，通过参与实际的科研项目和创新实践，培养其创新思维和解决复杂问题的能力。例如，学生可以参与企业与高校联合的科研项目，如新能源技术的研发、人工智能算法的优化等，通过实际参与前沿技术的研发，提升其创新能力和科研素养。这一阶段的目标是帮助学生在理论与实践的结合中突破自我，成为能够引领行业发展的技能型拔尖创新人才。

三个阶段紧密衔接，形成一个从基础到高端的递进式能力培养链条。基础实训阶段为学生提供扎实的实践基础，确保他们能够胜任后续的项目开发任务；应用开发阶段通过项目驱动的方式，将基础技能转化为实际应用能力，为创新攻关阶段的复杂任务做好准备；创新攻关阶段则在前两个阶段的基础上，进一步提升学生的创新能力和科研素养。这种递进式的培养模式，不仅满足了不同阶段学生的能力发展需求，还为职业教育的整体质量提升提供了有力支撑。

通过这种跨层级的协同培养模式，职业教育能够实现从基础技能培养到高端创新能力提升的全面覆盖，为技能型拔尖创新人才的培育提供全程支撑。这种模式不仅有助于学生个人能力的全面发展，还能够推动职业教育与产业需求的深度融合，为产业升级和经济高质量发展提供高素质人才支持。通过跨层级协同，职业教育能够真正实现从规模扩张向质量提升的战略转型，为制造强国战略提供坚实的人才保障。

5.1.2　多跨协同建工坊的实施路径

1. 资源整合与平台搭建

实现多跨协同建工坊，首先需要整合政府、行业、企业、学校四方资源，构建资源共享的协同平台，以破解资源碎片化困境。以下是具体的实施路径：

① 教学资源整合方面，应将理论知识与实践技能、行业规范、企业文化等内容有机融入课程中，开发新型活页式、工作手册式教材，提高课程的实用性和针对性。同时，通过互聘教师，充分整合校内外教师资源，促进教师快速成长和发展。此外，整合校园基础设施、教学设备、科研平台等物质资源，确保这些资源能够满足学校的教学、科研和学生生活的需求。

② 科研资源整合方面，通过建立科技基础条件平台进行整合，实现科技资源共享。例如，建立联合实验室、研发中心等，推动科研资源的共享与互补；促进不同学科之间的合作与交流，打破学科壁垒，实现资源共享和优势互补，共同开展科研项目和技术创新；推动科研成果的转化和应用，加强与企业的合作，将科研成果转化为实际生产力，促进科技与经济的深度融合。

③ 社会服务资源整合方面，与企业共建产业学院、技术研发中心等，推动校企合作从短期项目向战略伙伴关系转变，实现资源共享和优势互补；通过社区服务项目，将学校的教育资源和科研成果应用于社区建设和发展，提升社区的服务水平和居民的生活质量；与行业协会合作，共同开展培训、咨询、技术服务等活动，为行业提供人才支持和技术保障。

④ 平台搭建方面，政府应通过政策引导和资金支持，为企业和学校的深度合作提供保障。例如，设立专项基金支持校企合作项目，提供税收优惠鼓励企业参与工坊建设。行业组织应发挥桥梁作用，推动企业技术需求与学校教学内容的精准对接，通过组织行业论坛和技术研讨会，促进学校与企业的信息交流与合作。企业应投入技术和设备资源，参与工坊的建设和项目指导，派遣技术专家担任兼职教师，为学生提供实践指导。学校应利用自身的教育资源优势，为企业提供人才培养和技术研发支持，通过优化课程设置、开发项目化课程，将企业实际需求融入教学内容，提升学生的实践能力和创新能力。

通过以上路径，可以实现教学资源、科研资源、社会服务资源的深度整合，为多跨协同建工坊的实施提供有力支撑。

2. 项目运作与实践教学

项目运作是多跨协同建工坊的核心环节，涉及项目设计、开发和运作机制。跨领域融通是这一环节的关键，通过贯通教育链、产业链、创新链与政策链，实现技术研发、人才培养与产业升级的深度嵌套。以下是具体的实施路径：

项目设计应紧密结合企业的实际需求，涵盖技术研发、产品升级、工艺改进等领域，确保项目具有真实性和挑战性。学校与企业共同开发项目，通过深入调研企业的技术需求和行业发展趋势，设计出既符合企业需求又具有教育价值的项目内容。项目类型应多样化，包括基础实训项目、应用开发项目、创新攻关项目等。基础实训项目注重学生基本技能的培养，通过模拟真实工作场景，帮助学生掌握行业通用的基础技能；应用开发项目引导学生参与实际项目开发，将理论知识应用于实践，解决具体问题，提升应用能力和实践能力；创新攻关项目鼓励学生开展前沿技术研究，挑战复杂的技术难题，培养创新思维和解决复杂问题的能力。

项目运作采用"双线驱动机制"，实现企业需求与学校教学的双向对接。企业定期发布《年度技术需求白皮书》，明确年度技术需求和项目方向，为学校提供项目开发的依据。学校根据企业需求，制定《项目教学地图》，将企业需求转化为具体的教学项目，确保项目与课程内容的深度融合。通过项目任务驱动，学生在真实情境中提升能力。项目团队的组建至关重要，组建跨专业、跨年级的学生项目团队，配备"双师型"教师和企业技术专家，共同指导项目实施。项目团队通过分工协作，完成项目任务，提升团队合作能力。

建立完善的项目评价体系，通过中期检查、结题验收等方式，对项目实施过程和结果进行评估。评价体系应包括过程评价和结果评价。过程评价通过中期检查，评估项目进展、团队协作、资源利用等情况，及时发现问题并进行调整；结果评价通过结题验收，评估项目的完成质量、技术创新、实际应用价值等，确保项目达到预期目标。评价结果反馈给学生和教师，用于改进后续教学和项目设计，形成持续改进的闭环机制。

通过以上机制，项目运作能够实现技术研发、人才培养与产业升级的深度嵌套，为多跨协同建工坊的实施提供核心支撑。

3. 师资配置与团队建设

师资配置是多跨协同建工坊成功的关键因素之一。跨层级衔接通过构建"基础实训→应用开发→创新攻关"三级能力培养体系，形成人才成长的梯度通道。首先，需要建设"双师型"教师队伍，选拔具有丰富实践经验和教学能力的教师，参与工坊教学和项目指导。通过企业挂职锻炼、校企联合培训等方式，提升教师的实践能力和创新能力。同时，邀请企业技术总监、高级技师等担任兼职教师，参与工坊建设和项目指导。通过"三考三评"准入制度，确保企业专家的教学质量。

匠师团队的协作机制也至关重要。在项目选拔阶段，匠师团队联合发布《项目选拔技术白皮书》，选拔优秀学生；在项目实施阶段，开展"技术会诊＋教学复盘"，解决技术难题；

在项目评价阶段，签署《能力认证联合声明》，对学生能力进行认证。此外，建立《产业工匠导师特聘计划》和《匠师资源库动态管理办法》，对匠师团队进行动态管理；通过绩效考核、荣誉激励等方式，激发匠师团队的积极性和创造力。

4. 工坊运行与管理

工坊的运行与管理是确保其高效运作的重要环节。首先，需要制定工坊运行管理制度，明确工坊的开放时间、使用流程、设备管理等。通过预约系统、值班制度等，确保工坊的高效运行。同时，建立学生工坊学习档案，记录学生的学习过程和项目成果。通过学分认定、颁发荣誉证书等方式，激励学生积极参与工坊学习。

工坊文化建设也是不可忽视的一环。在工坊中营造浓厚的工匠精神与创新文化氛围，通过展示优秀项目成果、介绍工匠事迹等方式，激发学生的学习热情和创新意识。同时，促进学校文化与企业文化在工坊中的融合，通过企业参观、文化讲座等活动，让学生了解企业文化，增强职业认同感。

5. 成效评估与持续改进

成效评估是多跨协同建工坊实施的重要环节，通过短期、中期和长期成效评估，全面衡量工坊的运行效果。短期成效评估：通过学生技能竞赛成绩、项目成果展示等方式，评估工坊在提升学生硬实力方面的短期成效。中期成效评估：通过学生创新能力评估、项目转化率等方式，评估工坊在提升学生创新力方面的中期成效。长期成效评估：通过毕业生就业质量、职业发展轨迹等方式，评估工坊在提升学生发展力方面的长期成效。

持续改进是确保工坊持续优化和改进的关键。建立工坊运行反馈机制，通过学生问卷调查、教师访谈等方式，收集工坊运行中的问题和建议。根据反馈结果，调整工坊运行机制、优化项目设计、改进师资配置，确保工坊持续优化和改进。

5.2　项目协同精技艺

5.2.1　项目协同的理念与内涵

在职业教育技能型拔尖创新人才培养的实践中，项目协同作为一种创新的育人模式，与传统项目模式形成了鲜明对比，体现了从封闭到开放、从模拟到真实、从短期到长周期的转变。这种转变不仅是实践层面的优化，更是理论层面的深刻变革。

传统项目模式往往局限于校内模拟环境，以教师主导的短期实践为主，缺乏与产业真实需求的深度对接。其项目来源多为理论驱动，实践环境以校内实验室为主，难以提供真实生产场景中的复杂问题和前沿技术。这种模式虽然在基础技能训练方面有一定作用，但在培养学生解决复杂工程问题的能力和创新能力方面存在明显不足。同时，传统项目模式的参与主体单一，主要依赖学校资源，企业参与度低，导致项目资源有限，难以满足高端技术技能人才培养的需求。此外，传统项目模式的短期性和成果的模拟性，使得学生的能力发展缺乏系统性和可持续性，项目成果难以转化为实际生产力，难以满足产业升级对技能型拔尖创新人才的需求。

相比之下，现代项目协同模式以真实生产实践项目为核心，通过"真场景、真问题、真任务"的实践环境，将教育链、产业链、创新链与政策链深度融合，构建了一个全方位、多层次的协同育人生态。项目协同模式的项目直接来自企业的实际需求，学生在真实生产环境中操作，使用前沿设备和技术，体验完整的项目生命周期。这种模式不仅提升了学生的基础技能，更通过解决复杂工程问题，培养了学生的创新能力、团队协作能力和职业素养。项目协同模式的多主体参与，包括政府、行业、企业和学校，打破了传统模式的资源局限，实现了资源的最大化利用。政府通过政策和资金支持，为企业和学校的深度合作提供保障；行业组织发挥桥梁作用，推动企业技术需求与学校教学内容的精准对接；企业投入技术和设备资源，参与项目指导，为学生提供真实的实践环境；学校则利用教育资源优势，为企业提供人才培养和技术研发支持。这种多方协同不仅优化了资源配置，还通过资源共享机制，实现了技术研发、人才培养与产业升级的深度嵌套。

此外，现代项目协同模式注重项目的长期性和系统性，通过构建"基础实训→应用开发→创新攻关"的三级能力培养体系，形成学生能力的梯度发展。项目成果直接服务于企业生产，实现技术转化和产业升级。同时，项目协同模式通过短期评价硬实力、中期鉴定创新力、长期观测发展力的长周期评价体系，全面跟踪学生的能力发展，为技能型拔尖创新人才的精准培养提供了科学依据。

从理论高度来看，项目协同模式的创新价值在于其对职业教育协同育人理论的丰富与发展。它打破了传统项目模式的局限，将系统论、协同创新理论和情境学习理论有机结合，通过多主体、多领域、多层次的协同合作，形成了一个有机的整体。这种模式不仅优化了职业教育的资源配置，还通过真实场景中的实践学习，促进了学生知识与技能的迁移，提升了学生解决实际问题的能力。项目协同模式的实践价值在于其对职业教育高质量发展的推动作用。它通过真实项目驱动和多主体协同，打破了职业教育与产业的边界，实现了教育与产业的深度融合。这种模式不仅提升了学生的综合能力，还通过项目成果的转化，推动了产业升级和技术进步，为区域经济发展提供了有力支撑。

5.2.2　项目协同的实施路径

在职业教育技能型拔尖创新人才培养中，项目协同的实施路径聚焦于"双线驱动机制"，通过企业发布的《年度技术需求白皮书》与院校制定的《项目教学地图》双向对标，搭建资源融合平台，推行能力认证体系，形成从"单项技能→复合能力→系统思维"的学生成长闭环。

1. 项目筛选与对接:需求导向的双向匹配

在项目协同的实施过程中,精准的项目筛选是确保项目具有实际应用价值和教学意义的关键起点。每年年初,合作企业会根据自身的技术升级、产品研发或工艺改进需求,制定并发布《年度技术需求白皮书》。这份白皮书详细列出了企业面临的技术难题、创新需求以及预期目标,为院校提供了明确的项目方向。随后,院校组织专业教师团队对白皮书中的项目需求进行深入评估,结合专业教学目标和学生能力培养需求,筛选出与教学内容契合度高、对学生能力提升具有潜在价值的项目。评估标准不仅包括项目的复杂性和创新性,还涉及其与教学内容的契合度以及对学生能力提升的潜在价值。在初步筛选完成后,院校与企业会就选定的项目进行深度沟通,明确项目的技术细节、实施步骤和预期成果,并共同优化项目方案。这一过程确保了项目既符合企业的实际需求,又具备教学实施的可行性,为项目协同的顺利开展奠定了坚实基础。

2. 企业与院校的角色与职责

在项目协同中,企业扮演着至关重要的角色,既是项目需求的发起者,也是项目实施的关键参与者和支持者。企业首先根据自身的发展战略和市场需求,提出具有前瞻性和挑战性的技术项目,并投入必要的技术设备、场地和资金,为项目的顺利实施提供坚实的物质基础。同时,企业派遣经验丰富的技术专家作为兼职教师,深度参与项目指导。这些专家不仅向学生传授行业前沿技术和实践经验,还负责解答技术难题,并协助院校教师进行项目评估和成果验收。在项目完成后,企业承担对成果进行验收的责任,评估其技术价值和应用前景。对于符合企业需求的成果,企业将积极推动其在生产中的应用转化,实现项目成果的产业化,从而形成从需求提出到成果应用的完整闭环,确保项目协同不仅服务于教学目标,也为企业技术创新和产业升级提供动力。

此外,院校作为主导方,承担着项目整体规划、教学设计和组织实施的核心职责。院校首先根据企业需求和教学目标,制定《项目教学地图》,明确项目的教学目标、实施步骤和评价标准,确保项目与教学内容紧密结合。同时,院校整合校内教育资源,包括师资、设备和实训场地,为项目的顺利实施提供全方位的教学保障。在此基础上,院校选拔“双师型”教师担任项目指导教师,他们不仅负责项目的教学组织和学生指导,还须与企业专家密切合作,共同制定教学计划,指导学生完成项目任务,并对学生进行能力评估。此外,院校还建立完善的项目教学管理制度,对项目实施过程进行全程监控,确保项目按照预定目标顺利推进。同时,院校负责对学生的学习成果进行考核评价,记录学生的能力发展轨迹,为学生的持续成长提供科学依据。通过这些举措,院校确保项目协同在实现教学目标的同时,也为学生的全面发展和职业能力提升奠定坚实基础。

3. 项目实施与保障:资源融合与能力认证

首先,搭建资源融合平台。为推动项目协同的顺利实施,打破校企资源壁垒、搭建资源融合平台是关键举措。这一平台致力于实现设备、信息和人员的全面共享，促进双方优势互补。具体而言，企业将先进的生产设备和技术工具引入院校实训基地，为学生提供真实的工作环境和前沿设备操作机会；同时，院校向企业提供科研场地和教学资源，助力企业开展技术攻关。在信息层面，建立校企信息共享平台，实时发布项目进展、技术难题和成果动态，并提供在线课程、虚拟仿真等教学资源，使学生和教师能够随时获取最新的行业信息和技术知识。人员方面，企业专家与院校教师共同组成项目指导团队，定期开展技术交流和教学研讨活动，深度融合企业技术资源与院校教学资源，为项目协同提供坚实的人才和技术支撑。

其次，推行能力认证体系。推行能力认证体系是确保项目协同实施效果的关键措施，它通过分阶段的能力评估与培养，系统性地保障学生能力的全面提升。在项目初期，通过单项技能认证对学生的基础技能进行专项培训和考核，颁发技能证书，确保学生掌握项目所需的必备技能。项目中期开展复合能力评估，全面考察学生在团队协作、问题解决和创新能力等方面的综合表现，通过项目成果展示和能力画像绘制，直观呈现学生的能力发展状况。到了项目后期，着重进行系统思维培养，借助项目总结、技术研讨和成果推广等活动，引导学生从整体上把握项目的技术逻辑和应用价值，从而为学生未来的职业发展奠定坚实基础。这种分阶段、多层次的能力认证体系，不仅精准地评估学生在项目中的成长，还为学生的持续发展提供了清晰的路径和有力的支持。

4. 项目验收与反馈：闭环管理与持续改进

项目验收是项目协同的重要环节，其核心在于确保项目成果既符合企业需求，又达成教学目标。企业依据项目合同和技术指标，对成果进行全面验收，涵盖技术文档、实验数据和产品样机等关键内容。企业验收不仅评估项目的技术质量，还考察其应用前景和产业化潜力。院校则对学生在项目中的表现进行全面考核，包括技能提升、创新能力、职业素养等方面，考核结果作为学生综合评价的重要依据，记录在学习档案中。此外，组织校企联合评审团队，从技术、教学和行业三个维度对项目实施过程和成果进行综合评审。评审团队由企业技术专家、院校教师和行业学者组成，确保项目验收的全面性和客观性。

项目协同的实施需要建立闭环管理机制，通过持续反馈和改进，不断提升项目质量和育人效果。在项目实施过程中，定期收集企业、教师和学生的反馈意见，内容涵盖项目实施中的问题、建议和改进措施。针对反馈中提出的问题，校企双方共同制定解决方案，及时调整项目实施计划。对于技术难题，企业专家和院校教师共同开展技术攻关；对于教学问题，院校优化教学内容和方法。项目结束后，对实施全过程进行总结分析，形成项目案例库和经验总结报告。校企双方根据总结报告，优化项目筛选机制、教学设计和资源融合平台，为后续项目的实施提供参考，确保项目协同在实践中不断完善，持续提升育人质量和项目实施效果。

5.3　匠师协同育匠才

5.3.1　匠师协同的理论基础与内涵

匠师协同是职业教育技能型拔尖创新人才培养机制中的重要组成部分,旨在通过企业工匠与学校教师的深度合作,实现技术与教学的深度融合,培养既具备精湛技艺又富有创新能力的高素质技术技能人才。

1. 匠师协同的理论基础

匠师协同的理论基础主要源于协同创新理论、情境学习理论和双元制教育理论。协同创新理论强调多主体合作与资源共享,通过优势互补实现创新目标。在职业教育中,企业工匠与学校教师分别代表产业界和教育界的优质资源,通过"匠师协同",工匠将前沿技术和实践经验带入教学过程,教师则将系统的理论知识和教学方法融入实践教学,推动技术创新与人才培养的协同发展。情境学习理论主张在真实情境中学习,通过实践和互动提升学习效果。在匠师协同模式下,学生在企业工匠和学校教师的共同指导下参与真实项目,体验完整的生产过程,实现理论与实践的结合,提升解决实际问题的能力。"双元制"教育理论则强调学校教育与企业实践的紧密结合,通过"双元"育人模式实现学生能力的全面发展。企业工匠作为"企业导师",学校教师作为"学校导师",二者共同参与教学过程,确保学生在理论学习和实践操作中获得均衡发展,为学生的职业成长奠定坚实基础。

2. 匠师协同的内涵

在匠师协同模式中,企业工匠("匠")与学校教师("师")各自承担着不同但互补的角色与职责。企业工匠作为行业内的技术专家,主要负责将企业的前沿技术和实际生产经验融入教学过程。他们通过现场指导、技术讲座和项目实践,帮助学生掌握真实工作场景中的技术应用和提升问题解决能力,为学生提供实践操作的直接经验和行业前沿视角。与此同时,学校教师作为教育专家,主要负责提供系统的理论知识和科学的教学方法,确保学生在学习过程中具备扎实的理论基础。教师还承担着课程设计、教学组织和学生评价等任务,推动教学活动的顺利开展,为学生提供系统化的学习路径和理论支撑。这种分工明确、协同合作的模式,实现了理论与实践的深度融合,为学生的职业成长和创新能力培养提供了全方位的支持。

5.3.2　匠师协同的育人模式与实践

在职业教育技能型拔尖创新人才培养的实践中,"匠师协同育匠才"模式作为一种创新的育人机制,正在为职业教育的高质量发展注入新的活力。该模式通过选拔校内"双师型"

教师，与行业领军企业的技术总监、高级技师等组成匠师团队，充分发挥校企双方的优势资源，打破传统师徒制与学院派教学的壁垒，构建了一个深度融合的育人生态。

为确保匠师团队的专业性和稳定性，学校建立了《产业工匠导师特聘计划》和《匠师资源库动态管理办法》，通过严格的“三考三评”准入制度，选拔出既具备深厚理论基础又拥有丰富实践经验的匠师。校企联合颁发的“产教融合特聘匠师”认证，不仅提升了匠师的职业荣誉感，也为他们提供了更广阔的发展空间。目前，匠师资源库已入库匠师 320 人，其中企业匠师占比高达 65%，这为技能型拔尖创新人才的培养提供了坚实的人才保障。

在技能型拔尖创新人才的培育过程中，匠师团队通过“选—做—评”全流程协作，实现了从项目选拔到能力认证的闭环管理。在“选”的阶段，匠师团队联合发布《项目选拔技术白皮书》，明确项目的技术需求和选拔标准，共同选拔出具有创新潜力和实践能力的学生。这一过程不仅考察学生的专业技能，更注重其学习能力、团队协作能力和创新思维，确保选拔出真正具备拔尖潜质的学生。

进入“做”的阶段，匠师团队通过“技术会诊＋教学复盘”的方式，共同指导学生完成项目任务。企业工匠凭借其丰富的实践经验，为学生提供前沿技术指导和现场教学；学校教师则运用系统的理论知识和科学的教学方法，帮助学生更好地理解和掌握所学内容。双方的紧密协作不仅帮助学生解决了项目中的技术难题，还提升了他们的综合能力。

在“评”的阶段，匠师团队对学生的能力提升进行全面评价，并签署《能力认证联合声明》。评价内容涵盖技能水平、创新能力、团队协作能力和职业素养等多个维度，确保学生在项目中实现全方位的成长。这种多维度的评价体系不仅为学生的职业发展提供了有力支持，也为学校的教学改进提供了重要参考。

通过“匠师共育责任体”，匠师协同育匠才模式不仅培养了学生的卓越工匠精神和创新能力，还攻克了一批技术难题，沉淀了一套标准化的产教融合育人模式。这种模式实现了“培养一个匠才、攻克一批难题、沉淀一套标准”的目标，为职业教育的高质量发展提供了新的实践路径，推动了教育链与产业链的深度融合，为培养更多适应产业升级需求的高素质技术技能人才奠定了坚实基础。

第6章　看三力，实施长周期观测

通过科学设计并实施短期评价、中期鉴定和长期观测三个阶段，形成了完整的长周期评价机制，这一机制旨在全面评估拔尖技能人才的综合能力与未来发展潜力。

第一阶段：短期评价——以专业技能为核心

短期评价主要关注苗子的“硬实力”，即其在专业领域的基础能力和实践潜力。通过即时性证书的获取，能够快速、客观地衡量苗子在特定领域的能力表现。这种评价方式不仅为苗子提供了展示自身优势的机会，也为教学评估提供了及时反馈。

第二阶段：中期鉴定——以创新能力为重点

中期鉴定则聚焦于苗子的“创新力”，强调其综合创新能力与跨界整合能力。通过绘制创新力画像这一创新性的方法，能够全面、深入地分析苗子在不同领域的能力表现及其整合能力。这种方法不仅有助于发现苗子的潜在创新能力，也为后续的培养提供了明确的方向。

第三阶段：长期观测——以发展潜能为导向

长期观测是评价机制的最后阶段，关注苗子的“发展力”，即其职业发展潜力和社会影响力。通过对苗子职业与发展轨迹的持续追踪，并形成详细的发展报告，可以深入分析其成长路径及社会影响。这种方法不仅有助于了解拔尖技能人才的长远发展，也为学校培养高质量拔尖技能人才提供了重要的反馈信息。

6.1　短期评价硬实力

在当今社会，随着科技的快速发展和全球化进程的加速，对高素质、高技能的人才需求日益迫切。教育作为人才培养的主要途径，面临着如何有效评估苗子能力与潜力的挑战。特别是在职业院校中，苗子的“硬实力”，即专业知识和实践技能，是其未来发展的重要基石。因此，建立科学合理的短期评价体系，能够及时检验苗子的学习成果，发现其优势与不足，为技能型拔尖创新人才的培养提供有力支持。

6.1.1　理论基础与评价目标

1. 理论基础

(1) 教育评估理论

现代教育评估理论强调，评估不仅是对学习结果的总结，更是促进学习过程的重要手段。传统的终结性评价往往关注最终成绩，而忽视了学习过程中苗子的进步与成长。短期评价作为一种形成性评估方式，能够在较短的时间内对苗子的学习进展进行动态监测，及时反馈信息，帮助苗子调整学习策略、优化学习效果。

(2) 能力发展理论

根据心理学中的能力发展理论，人的能力是通过后天环境和教育逐步培养起来的。短期评价关注的是苗子在短时间内取得的进步与成就，这不仅能够检验其当前的能力水平，还能为后续的发展提供方向指导。技能型拔尖创新人才的培养尤其需要注重“硬实力”的积累，因为这些能力是创新思维和实践能力的基础。

(3) 目标导向理论

目标导向理论强调教育目标对学习过程的引导作用。短期评价以明确的目标为导向，帮助苗子在短时间内聚焦于关键能力的提升。通过设定具体的学习任务和评估指标，苗子能够清晰地认识到自己的努力方向，并通过不断的努力实现既定目标。

2. 评价目标

(1) 评估专业能力和实践潜力

短期评价的核心目标之一是检验苗子的专业能力和实践潜力。通过即时性、可测量的成果，如项目证书、竞赛成绩和技能等级证书，能够客观反映苗子在特定领域的掌握程度。例如，特苗要求在任务期内获取至少 5 个项目证书、1 个国家级竞赛证书和 1 个高级技能等级证书，这不仅体现了苗子的专业能力，也展示了其实践潜力。

(2) 引导个性化发展

短期评价的另一个重要目标是引导苗子的个性化发展。通过根据苗子的职业生涯规划签订“龙翔计划”或“马跃计划”任务书，能够为每个苗子量身定制发展目标。这种个性化的培养方式不仅能够充分发挥苗子的特长，还能帮助他们在感兴趣的领域深入钻研，提升专业素养。

(3) 激励机制的建立

短期评价还承担着建立激励机制的重要功能。通过在监测评估系统中展示实践项目、技能竞赛和技能等级证书前 10 名榜单，并配套相应激励政策，可以激发苗子的学习动力。例如，特苗和壮苗分别在项目证书、竞赛成绩和技能等级方面设定不同的目标，并通过积分制进行量化评估，这样能够在竞争中促进苗子的自我提升。

(4) 优化教学策略

短期评价的实施不仅对苗子的发展有积极影响，也能为教师的教学策略提供重要参考。通过分析短期评价的结果，教师能够及时发现问题，调整教学方法，确保教学内容和方式更加贴近苗子的需求和发展趋势。

6.1.2　短期评价指标体系

短期评价的评价指标体系以“硬实力”为支撑，包含以下四个一级指标：

① 技能竞赛（40 分）：技能竞赛是衡量学生专业能力和竞争力的重要指标，旨在通过参与各类赛事检验学生的实际操作能力与技术水平。

② 实践项目（40 分）：实践项目是检验学生理论与实践结合能力的重要途径，通过完成实际工程项目或创新任务，提升学生的动手能力和解决问题的能力。

③ 技能等级证书（20 分）：技能等级证书是衡量学生专业技能水平的重要凭证，通过获取不同级别的技能证书，反映学生的学习成果和职业能力。

每个一级指标下设置了具体的二级指标，并根据其重要性赋予不同的权重，总分为 100 分，详细的指标体系如表 6-1 所列。

表 6-1　硬实力评价指标体系

评价内容	一级指标	二级指标	平台呈现形式	计分规则	数据来源
硬实力（100 分）	技能竞赛（40 分）	世界技能大赛	苗子个人硬实力页面中以折线图的方式，按月呈现技能竞赛获取走势图，并参照教师职称评审条例中的相关计算方法排序后，显示其当月排名，当月前 10 名在监测平台首页展示技能竞赛榜单，配套相应激励政策	参考教师教学成果奖励条例赋分	统一成果库、学生管理平台
		世界职业院校技能竞赛等一类赛			
		行业技能竞赛等二类赛			
		三类赛			
		其他赛事			
	实践项目（40 分）	工程应用项目	苗子个人硬实力页面中以柱状图的方式，按月呈现各类项目完成数量，并参照教师职称评审条例中的相关计算方法排序后，显示其当月排名，当月前 10 名在监测平台首页展示实践项目榜单，配套相应激励政策	参考教师科研成果奖励条例赋分	工坊苗子监测评估系统学生填报
		技术攻关项目			
		实践创新项目			
	技能等级证书（20 分）	初级	苗子个人硬实力页面中以饼图的方式，按学期呈现各类证书获取数量，并按照初级证书 5 分、中级 10 分、高级 20 分积分，显示其学期排名，前 10 名在监测平台首页展示技能证书榜单，配套相应激励政策	5 分/个	学生管理平台
		中级		10 分/个	
		高级		20 分/个	
		其他		匠师评估后赋分	

6.1.3　短期评价的实施路径

短期评价的实施路径是一个系统化的过程，需要从目标设定、数据收集与分析、平台呈现、反馈与激励到持续改进等多个环节进行全面规划和执行。通过科学合理的评价机制和激励政策，可以有效激发苗子的内在动力，提升其专业能力和职业素养，为未来的职业发展打下坚实基础。[12]同时，学校也能借此机会优化教学资源，调整培养方向，实现教学质量的全面提升。

1. 目标设定

首先，明确短期评价的目标。根据提供的表格内容，短期评价的核心在于通过技能竞赛、实践项目和技能等级证书三个方面，全面评估苗子的专业能力和职业素养。具体目标包括：

① 提高苗子在技能竞赛中的参与度和获奖率。

② 增强苗子在实践项目中的动手能力和问题解决能力。

③ 鼓励苗子获取更高层次的技能等级证书，提升其职业竞争力。

2. 数据收集与分析

为了实现上述目标，需要建立完善的数据收集和分析机制。

(1) 数据来源

技能竞赛：统一成果库和苗子管理平台提供苗子在各类技能竞赛中的成绩和排名。

实践项目：工坊苗子监测评估系统记录苗子的项目完成情况和技术攻关成果。

技能等级证书：苗子管理平台汇总苗子获得的初级、中级、高级等技能证书信息。

(2) 数据整理与分析

对收集到的数据进行分类和整理，按照教师职称评审条例中的计算方法，对苗子的竞赛成绩、项目完成质量和证书获取情况进行赋分。

通过数据分析，识别苗子在不同领域的优势与不足，为后续的激励和教学调整提供依据。

3. 平台呈现

为了使评价结果直观化，便于苗子和教师了解进展，可以利用信息化手段进行数据展示。

(1) 技能竞赛

在苗子个人硬实力页面中以饼图形式展示各类技能证书的获取情况。设置榜单模块，展示前 10 名苗子的竞赛成绩和排名。

[12] 李凤妮. 基于成果导向教育理念的教育实习评价研究[J]. 西部素质教育，2025，11(03)：181-185.

(2) 实践项目

通过图表形式展示苗子在不同实践项目中的完成情况和质量评估结果。在平台首页设置滚动榜单,实时更新苗子的最新实践成果。

(5) 技能等级证书

按学期统计苗子获取各类技能等级证书的数量,并以饼图或柱状图的形式呈现。展示前 10 名苗子名单,激励其他苗子向其看齐。

4. 反馈与激励

及时的反馈和有效的激励机制是确保短期评价顺利实施的关键。

(1) 苗子反馈

定期通过平台向苗子推送个人评价报告,展示其在技能竞赛、实践项目和证书获取方面的具体表现,针对苗子的不足之处,提供个性化的学习建议和资源推荐。

(2) 教师反馈

教师根据评价结果调整教学策略,优化课程设置,针对苗子的薄弱环节进行重点辅导,在团队或班级层面分享优秀案例,促进苗子之间的交流与学习。

(3) 激励机制

对在技能竞赛中取得优异成绩的苗子给予奖励,如奖学金、荣誉称号等。鼓励学校设立专项基金,支持苗子参与更高层次的技能培训和认证。在实践项目中表现突出的苗子可以优先获得实习机会或推荐至相关企业。

5. 持续改进

评价实施过程中,需要不断总结经验,优化流程。

(1) 定期评估

每学期末对短期评价的效果进行全面评估,分析苗子整体能力的提升情况。通过问卷调查和访谈,收集苗子和教师的意见和建议,用于改进评价体系。

(2) 动态调整

根据行业发展需求和技术进步,及时更新技能竞赛项目和实践内容。调整技能等级证书的赋分标准,确保评价指标与实际职业能力要求保持一致。

(3) 资源优化

加强学校实训基地建设,为苗子提供更丰富的实践机会。与企业建立合作关系,引入真实工作场景,提升苗子的岗位适应能力。

6.2　中期鉴定创新力

在当今全球化和科技高速发展的时代，创新已成为社会进步的核心驱动力。技能型拔尖创新人才的培养是国家竞争力的关键所在，而“创新力”作为其核心能力，需要通过科学化、系统化的评估机制来精准识别和发展。中期鉴定创新力作为一种新型的人才评价方式，以“创新力”为核心驱动，为技能型拔尖创新人才的培养提供了重要的理论支撑和实践路径。

6.2.1　理论基础与鉴定目标

1. 理论基础

(1) 能力导向型教育理念

中期鉴定创新力的理论基础植根于现代教育学中的“能力导向”思想。传统的教育评价体系往往以知识掌握程度为核心，而能力导向型教育则更加注重苗子的综合能力和实践创新能力。技能型拔尖创新人才的培养需要超越单一的知识传授模式，转而关注苗子在解决问题、跨界整合和创新实践等方面的能力发展。中期鉴定创新力正是基于这一理念，通过绘制“创新力”画像，全面评估苗子的综合创新能力。

(2) 创新能力构成模型

中期鉴定创新力的理论基础还借鉴了创新能力构成模型。研究表明，创新能力是一个多维度的概念，包括创造力、批判性思维、问题解决能力、技术应用能力和跨界整合能力等多个维度。中期鉴定创新力通过“工坊苗子监测评估系统”，将这些能力维度转化为可量化的数据，并结合苗子的实际成果(如专利授权、创新大赛获奖等)，生成四维“创新力”画像，从而全面反映苗子的创新能力。

(3) 数字化与科学化评价

中期鉴定创新力的理论基础还体现了教育评价领域的数字化和科学化趋势。传统的主观评价方式往往存在片面性和主观性问题，而通过对接多维度数据源(如苗子综合评价系统、创业孵化平台、科研项目申报系统等)，构建客观、科学的评价体系，能够更准确地反映苗子的创新能力和发展潜力。

2. 鉴定目标

(1) 精准评估创新潜质

中期鉴定创新力的核心目标是通过科学化的评价机制，精准识别苗子的创新潜质和未来发展潜力。传统的评价方式往往以考试成绩为主,难以全面反映苗子的真实能力。而通过“创新力”画像的绘制,能够从多个维度(如创新成果、科研项目参与度、创业意向等)综合评估苗子的创新能力,从而为拔尖人才的选拔和培养提供科学依据。

(2) 培养跨界整合能力

在全球化和技术融合的时代背景下,单一学科的知识储备已不足以应对复杂的现实挑战。中期鉴定创新力的目标之一是培养苗子的跨界整合能力,即苗子能够将不同领域的知识、技能和技术进行有机结合,解决复杂问题的能力。通过“创新力”画像的评估,可以识别那些具有跨学科视野和整合能力的苗子,并为他们的成长提供针对性的支持。

(3) 激发创新动力与创业意识

中期鉴定创新力的目标还包括激发苗子的创新动力和创业意识。通过对苗子创新能力的全面评估,能够发现那些在创新大赛、科研项目中表现突出的苗子,并通过“匠师”指导等模式,帮助他们将创新成果转化为实际价值。这种实践导向的培养方式不仅能够提升苗子的创新能力,还能激发他们的创业热情,为社会输送更多具有创新精神和实践能力的人才。

(4) 支持个性化发展

中期鉴定创新力的最终目标是支持苗子的个性化发展。每个苗子的能力特点和发展方向都有所不同,通过“创新力”画像的绘制,能够为每位苗子量身定制个性化的培养方案。例如,对于在技术创新方面表现突出的苗子,可以提供更多的科研资源和实践机会;而对于在商业模式创新方面有潜力的苗子,则可以引导其参与创业培训和孵化项目。

6.2.2 中期鉴定指标体系

“中期鉴定创新力”的评价指标体系以“创新力”为核心,包含以下四个一级指标。

① 产品成果(20分):“产品成果”是创新能力的重要体现,主要通过学生的实际产出进行评估,包括实物成品、设计作品和其他作品。

② 专利授权(30分):“专利授权”是创新能力的重要体现,反映了学生在知识产权保护方面的成果,包括发明专利、实用新型专利、外观专利和软件著作权。

③ 创新大赛(30分):“创新大赛”是学生创新能力的重要展示平台,反映了学生在实际竞争中的表现,包括中国国际大学生创新大赛、“挑战杯”等各类创新竞赛。

④ 科研项目(20分):“科研项目”是创新能力的重要体现,反映了学生在科学研究中的参与度和贡献,包括学生参与的校级、省部级和国家级科研项目。

每个一级指标下设置了具体的二级指标,并根据其重要性赋予不同的权重,总分为100分,详细的指标体系如表6-2所列。

表 6-2　创新力评价指标体系

评价内容	一级指标	二级指标	平台呈现形式	计分规则	数据来源
创新力（100 分）	产品成果（20 分）	实物成品	苗子创新力页面形成四维创新力画像	10 分/个	工坊苗子监测评估系统学生填报
		设计作品		10 分/个	
		其他作品		匠师评估后赋分	
	专利授权（30 分）	发明专利		参考教师科研成果奖励条例赋分	统一成果库 科研管理平台 学生管理平台
		实用新型专利			
		外观专利			
		软件著作权			
	创新大赛（30 分）	中国国际大学生创新大赛		参考教师教学成果奖励条例赋分	统一成果库 学生管理平台
		挑战杯			
		全国大学生职业规划大赛			
		其他类创新大赛			
	科研项目（20 分）	学生申报校级科研项目		参考教师科研成果奖励条例赋分	科研管理平台
		参与教师国家级科研项目			
		参与教师省部级科研项目			
		参与教师校级科研项目			

6.2.3　中期鉴定的实施路径

为了科学、公平、高效地开展苗子创新能力的中期评价工作，结合前期制定的《苗子创新成果评分细则》，通过科学的评价体系和规范的实施流程，全面评估苗子的创新能力，为后续的学习和发展提供有力支持。同时，通过不断优化评价机制，进一步提升苗子的学习积极性和创新意识，为其未来发展奠定坚实基础。

1. 明确评价目的与原则

(1) 评价目的

中期评价旨在对苗子在某一阶段的学习和创新能力进行全面评估，发现问题并及时调整教学策略，为后续学习提供指导。同时，通过评价激励苗子积极参与创新活动，提升综合能力。

(2) 评价原则

公平性原则：严格按照评分细则执行，确保每位苗子的评价结果公正无偏。

科学性原则：结合多维度指标进行评估，确保评价的全面性和客观性。

可操作性原则：制定清晰的操作流程和时间安排，便于实际实施。

2. 评价准备工作

① 成立评价小组：由学校教务处牵头，联合各学科教师、苗子代表和校外专家组成中期评价小组，小组成员须接受培训，明确评分标准和工作流程。

② 制定详细计划：根据《苗子创新成果评分细则》，制定中期评价的具体实施计划，包括时间安排、参与人员分工、数据收集方式等。

③ 确保信息透明：通过班会或校园公告向全体师生解释中期评价的目的和流程，确保每位苗子了解评价标准和要求。

3. 评价实施步骤

(1) 数据采集与整理

线上填报：苗子须在规定时间内通过学校信息化管理平台提交创新成果的相关信息，包括项目名称、参与人数、完成时间等。

线下收集：对于无法通过线上平台提交的材料（如实物作品），由苗子提交至指定地点，并填写《创新成果登记表》。

(2) 初步审核

评价小组对提交的数据和材料进行初步审核，确保信息的真实性与完整性；对于不符合要求的成果，通知苗子在规定时间内补充或修改。

4. 具体实施流程

(1) 成果展示与答辩

作品展示：苗子须将创新成果以展板、实物或电子演示的形式展示。

现场答辩：评价小组对苗子的创新成果进行提问和质询，苗子须现场答辩，回答评委提出的问题。

(2) 评分环节

分组评分：根据学科领域将苗子分成若干组，每组由3～5位评委负责评分。

量化打分：根据《苗子创新成果评分细则》中的各项指标（如创新性、实用性、完成度等）进行量化打分。

(3) 结果汇总与反馈

数据汇总：评价小组对所有苗子的评分结果进行统计，确保每位苗子的得分无误。

结果反馈：将评价结果上传信息化平台反馈给匠师和苗子，并附上具体的评语和改进建议。

5. 保障措施

① 质量控制：在数据采集和评分过程中，设立复核机制，确保每项成果的评估无误；对于有争议的评价结果，提供申诉渠道，由评价小组进行二次审核。

② 培训与支持：定期对匠师和苗子进行培训，提升其对创新成果的理解和评分能力；为苗子提供创新活动的指导和支持，帮助其更好地完成创新任务。

6. 总结与改进

(1) 总结评价结果

根据中期评价的结果，分析苗子的整体表现，找出普遍存在的问题，并提出针对性改进建议。

(2) 反馈与调整

将评价结果反馈给匠师和苗子，帮助其了解自身的优势和不足。同时，根据评价结果调整教学计划和创新活动安排，优化后续培养方案。

6.3　长期观测发展力

技能型拔尖创新人才的培养是一个复杂的系统工程，需要以“发展力”为核心引领，注重苗子的长期成长和发展潜力。学生“发展力”不仅关注苗子当前的表现，更强调其未来的发展空间和可持续性能力。基于这一理念，重庆电子科技职业大学（以下简称“重电”）建立了“龙翔马跃人才发展力观测机制”，通过持续追踪苗子的学业成就、职业发展和社会影响力，为技能型拔尖创新人才培养提供了科学依据和实践路径。

6.3.1　理论基础与观测目标

1. 理论基础

(1) 发展性评价理论

发展性评价理论强调评价不仅是对当前表现的判断，更是对苗子未来发展潜力的关注。这一理论认为，人才的成长是一个动态过程，需要通过持续观察和评估来发现其优势和发展空间。重电的“龙翔马跃人才发展力观测机制”正是基于此理论，通过长期追踪苗子的职业发展历程、学历提升情况和社会影响力，全面了解苗子的成长轨迹。

（2）能力导向评价

能力导向评价注重对苗子核心素养和关键能力的评估，而非单一的成绩或证书。技能型拔尖创新人才的核心能力包括创新能力、实践能力、领导力和社会责任感等。“龙翔马跃”机制通过分析苗子在职业发展中的晋升情况、学历提升的努力以及社会影响力的贡献，全面评估其综合能力的发展。

（3）全人教育理念

全人教育强调苗子的全面发展，不仅关注学术能力，还注重价值观塑造、社会责任感和创新精神的培养。重电的观测机制通过追踪苗子的职业成就、社会影响力等方面的表现，验证了技能型拔尖创新人才在德智体美劳等方面的综合素质提升。

（4）持续改进理论

持续改进理论强调通过反馈和评估不断优化教育过程。重电通过对毕业生的长期跟踪研究，生成详实的数据报告，为学校的培养计划提供科学依据，从而实现教学与培养机制的持续优化。

2. 观测目标

（1）动态监测苗子发展轨迹

长期观测的核心目标是了解苗子的成长路径和发展趋势。通过就业数据、问卷调查和访谈等方式，“龙翔马跃”机制能够实时掌握毕业生的职业晋升、学历深造和社会影响力等关键指标，从而为教育改革提供第一手数据支持。

（2）优化技能型拔尖创新人才培养机制

通过对毕业生发展力的长期追踪，重电可以分析现有培养模式的优势与不足，并针对性地调整教学内容和培养方案。例如，通过发现部分苗子在职业发展中缺乏领导力培训的现象，学校可以增加相关课程或实践环节。

（3）为苗子提供个性化反馈与指导

长期观测数据不仅服务于学校，还能为毕业生本人提供成长反馈。通过定期问卷调查和访谈，学校可以了解苗子的实际需求，并为其提供职业发展建议，帮助其在事业和个人生活中实现进一步突破。

（4）评估技能型拔尖创新人才的社会影响力

技能型拔尖创新人才培养的最终目标是服务社会。“龙翔马跃”机制通过追踪毕业生的社会贡献（如行业奖项获得、技术创新等），验证了培养计划的有效性，并为社会认可度提供数据支持。

(5) 建立校友网络与资源平台

长期观测为学校与毕业生之间建立了稳定的联系纽带。通过专题座谈会、“龙翔马跃计划”校友活动等形式，学校可以整合校友资源，搭建产学研合作平台，进一步推动教育与社会的深度融合。

3. 长期观测发展力的意义

(1) 理论层面

“龙翔马跃人才发展力观测机制”为技能型拔尖创新人才培养提供了科学的理论框架。通过长期观测和数据分析，学校能够验证不同培养模式的效果，并为相关教育理论的发展提供实践依据。

(2) 实践层面

该机制为教育改革提供了可操作的经验。重电通过 11 年的持续追踪研究，积累了丰富的数据资源和实践经验，形成了完整的评估体系和反馈机制，为其他院校优化技能型拔尖创新人才培养提供了参考。

(3) 社会价值

长期观测发展力不仅服务于苗子个体，还为社会输送了高素质人才。“龙翔马跃”机制培养出的苗子在职业发展中表现优异，部分毕业生已成为行业领军者或技术骨干，为社会发展做出了重要贡献。

6.3.2　长期观测指标体系

长期观测的评价指标体系以“发展力”为引领，包含以下四个一级指标。

① 职业发展：职业发展的评价重点在于苗子在职场中的表现和发展轨迹。入职情况主要用于评估苗子的职业起点和发展方向。例如，入职世界 500 强企业可以体现苗子的竞争力和职业发展潜力；入伍或自主创业则反映了苗子的职业选择多元化。晋升情况则是衡量职业发展的重要指标，反映了苗子在职场中的成长速度和领导能力。例如，晋升至部门主管或总经理表明苗子具备较高的管理能力。

② 学历提升：学历提升反映了苗子在学术和专业能力上的进一步追求，该指标用于评估苗子在学术上的进步和专业能力的提升。例如，获得博士学位或博士后学位表明苗子在某一领域具有深厚的专业知识和研究能力。

③ 社会影响力：社会影响力反映了苗子在社会中的认可度和贡献，包括荣誉称号、

表彰奖励、技能竞赛与奖项以及其他。例如，获评全国技术能手表明苗子在其从事的领域中具备卓越的专业能力和技术水平，在推动行业发展和技术进步方面具有重要作用。

④ 社会贡献度：社会贡献度反映了苗子在社会经济发展中的实际价值，包括经济贡献、文化与教育贡献、公益事业贡献等。例如，苗子创办企业并带动就业，体现了其作为创业者和领导者的重要价值，不仅为个人带来了成就感，也为社会创造了更多的财富和机会。这种社会贡献度的体现，不仅是经济层面的，还包括社会文化和未来发展等多个维度。

每个一级指标下设置了具体的二级指标，根据当年已毕业的苗子所获取的二级指标分类计数并分析其结果，形成年度观测报告，详细的指标体系如表 6－3 所列。

表 6－3　发展力评价指标体系

评价内容	一级指标	二级指标	平台呈现形式	计分规则	数据来源
发展力	职业发展（计数）	入职世界 500 强企业	系统首页展示历届工坊苗子职业发展画像和评估报告	跟踪记载到苗子的个人档案中，按年度统计当年苗子的整体职业发展状态，并形成整体职业发展画像和评估报告	就业管理平台、问卷调查、电话回访
		入职国企			
		入职规上企业			
		入职上市公司			
		入职校企合作单位			
		入伍			
		自主创业			
		晋升小组长			
		晋升部门主管			
		晋升片区经理			
		晋升总经理			
		其他			
	学历提升（计数）	本科学历	系统首页展示历届工坊苗子学历提升画像和评估报告	跟踪记载到苗子的个人档案中，按年度统计当年苗子的整体职业发展状态，并形成整体职业发展画像和评估报告	学信网
		本科学位			
		本科双学位			
		研究生学历			
		研究生学位			
		博士学位			
		博士后学位			

续表 6 - 3

评价内容	一级指标	二级指标	平台呈现形式	计分规则	数据来源
发展力	社会影响力（计数）	获评国家级称号，如全国技术能手、劳动模范等	系统首页展示历届工坊苗子社会影响力画像和评估报告	跟踪记载到苗子的个人档案中，按年度统计当年苗子的社会影响力，并形成整体社会影响画像和评估报告，在系统首页展示杰出校友事迹	问卷调查、电话回访、新闻报道
		获评省部级称号，如省级技术能手、劳动模范等			
		获评厅局级称号，如技术能手、劳动模范等			
		获得国家级表彰			
		获得省部级表彰			
		获得厅局级表彰			
		获得企业表彰，如先进个人等			
		获得世界级技能大赛奖项			
		获得世界职业院校技能大赛奖项			
		获得行业技能竞赛、技能比武等国家级奖项			
		获得行业技能竞赛、技能比武等省部级奖项			
		获得行业技能竞赛、技能比武等厅局级奖项			
		获得行业技能竞赛、技能比武等区级奖项			
		参与业内爆款项目制作			
		其他			
	社会贡献度（计数）	创办企业并带动就业	系统首页展示历届工坊苗子社会贡献度画像和评估报告	跟踪记载到苗子的个人档案中，按年度统计当年苗子的整体社会贡献度，并形成整体社会贡献度画像和评估报告，在系统首页展示杰出校友事迹	问卷调查、电话回访、新闻报道
		获得国家级科技进步奖			
		获得省部级科技进步奖			
		获得行业相关科技进步奖			
		当选国家级政协委员			
		当选省部级政协委员			
		当选市级或区级政协委员			
		当选国家人大代表			
		当选省人大代表			
		当选市或区人大代表			
		主持或参与重大工程			
		其他			

6.3.3 长期观测的实施路径

长期评价旨在全面、系统地跟踪苗子在未来5～10年内的技术发展和社会影响力，为其提供可持续发展的方向和保障。通过长期评价实施路径，苗子将在未来实现技术领域的突破和行业影响力的提升，同时在经济贡献和社会责任方面发挥更大作用。

重电建立和实施了“龙翔马跃”人才发展力观测机制，确保能够全面追踪毕业生的职业发展历程、学历提升情况及社会影响力，下面是详细的实施路径。

1. 构建长期观测体系

(1) 明确观测目标

职业发展：跟踪毕业生的就业状况、职业晋升情况以及在行业中的影响力。

学历提升：关注毕业生的进一步教育和学术成就，如攻读本科、硕士或博士学位的情况。

社会影响力：评估毕业生在社会中的贡献，包括参与重要项目、获得奖项或在行业内具有显著地位。

(2) 建立观测指标体系

职业发展指标：岗位职级晋升情况、职业稳定性、行业影响力等。

学历提升指标：学历层次提升率、学术成就(如发表论文、参与研究项目)等。

社会影响力指标：获得的荣誉奖项、社会认可度、参与的重要活动和项目等。

(3) 构建观测数据库

设计统一的数据收集表格，确保信息的一致性和完整性；建立长期追踪系统，采用电子档案记录每位毕业生的关键数据和发展轨迹。

2. 建立动态观测机制

(1) 毕业当年的就业与升学观测

在毕业年度内，通过问卷调查、电话访谈和实地调研等方式收集毕业生的就业去向、升学情况及初步职业规划；分析就业市场趋势，为后续人才培养提供数据支持。

(2) 每年持续跟踪

每年对毕业生进行一次全面调查，了解其当前的工作职位、薪资水平、工作满意度以及职业发展方向；关注技能型拔尖创新人才的成长轨迹，记录他们在科研、创新项目中的表现和成就。

(3) 阶段性发展报告

毕业当年生成就业与升学观测报告，分析整体就业率、行业分布及学历提升情况；每年发布技能型拔尖创新人才年度跟踪观测报告，系统总结他们的成长路径和发展潜力。

3. 持续追踪与发展力评估

(1) 长期追踪计划

对毕业生进行 3 年、5 年和 10 年的阶段性追踪，分析其职业发展和社会影响力的变化趋势；定期发布中长期发展力观测报告，评估毕业生的综合发展潜力。

(2) 个性化培养建议

根据追踪数据，为不同发展阶段的学生提供个性化的成长建议和发展路径规划；针对不同类型的拔尖技能人才，制定专门的支持计划，帮助其在专业领域取得更大突破。

4. 反馈与优化机制

(1) 定期评估与优化

根据观测数据和反馈结果，不断优化人才培养方案和观测指标体系。

总结成功案例，提炼经验教训，为后续工作提供参考。

(2) 建立反馈渠道

建立毕业生与学校之间的沟通桥梁，及时了解他们在职业发展中的需求和困难。根据反馈调整培养策略，确保观测机制的有效性和针对性。通过持续完善观测体系，扩大追踪样本量，提高数据分析的深度和广度。推动校企合作，与更多企业建立合作关系，共同培养具有全球竞争力的专业人才。

通过以上实施路径，重电的“龙翔马跃”人才发展力观测机制将能够系统、全面地追踪毕业生的发展情况，为人才培养提供有力支持，并为社会输送更多优秀人才。

案 例 篇

案例1 “领航”工匠工坊创新创业拔尖人才培养实践

苗银家　李智博　罗　炜

一、项目概况

“领航创新创业工匠工坊”成立于2018年，以产业需求为导向，探索实践财经商贸类专业“岗课赛证创”五要素融合贯通、“素养与技能并举”、“三阶三变三层”协同育人的高素质双创育人新模式，打造出重庆双创“冠军”新高地。

以企业岗位职业能力培养为实施导向，以基于工作过程的项目化教学、职业技能等级证书培训、技能竞赛、双创竞赛相互融合为实施载体，以线上教学和线下教学相互联动、思政教育与专业教学有机结合为实施手段，推行“岗课赛证创一体化”育人模式，从课程体系、教学实施、教学评价等方面推动实现“课程设置与产业需求对接、课程内容与职业标准对接，教学过程与生产过程对接，大赛考核与课程标准对接，实现“岗课赛证创”综合育人。

经过该模式实践，学生的职业能力得到显著提升，学生竞赛获得国家级奖项21项（其中国家金奖7项、银奖10项）、省部级奖项86项，培育出一批重庆本土国家级双创冠亚军。教师在教学能力比赛中获得全国金奖1项，在金砖国家职业技能大赛中获得全国金奖1项，建成国家在线精品课程1门、市级精品课程1门，主持或主研相关教研课题20余项。

二、具体举措

（一）实施思路

依托产教融合，以全面培养学生的仓储和配送岗位职业能力为导向，校企双方共同设计基于岗位工作任务的教学项目，同时将紧扣行业职业技能等级证书、技能竞赛、创新创业竞赛融入课堂教学，对接岗位职业标准和证书、竞赛考核标准，以线上教学和线下教学相互联动、思政教育与专业教学有机结合为实现手段，校企双方统筹开展课堂教学、证书培训和技能竞赛，实施同步考核评价，推动岗位、课程、竞赛、证书、创业相互融通。

（二）主要做法

（1）以岗定标：实施“三阶三变三层”的双创教育基础课程新标准

基于“岗课赛证”融通模式构建，修订制定2020级、2021级、2022级的9个专业人才培养方案，实施“三阶三变三层”的双创教育基础课程新标准。第一阶，知识启梦（学习双创知识，激发双创梦想，创意变作业）：联合学校产业导师，发布产业问题，开展学生主题的研究和实践创新项目，作业形式成果包括专项研究报告、公益项目、产品设计方案、自媒体创意视频等形式。第二阶，项目筑梦（训练双创技能，培育创业项目，作业变作品）：课程引进行业企业新知识、新技术、新工艺，融入扶贫项目、文创项目、企业真实项目、竞赛项目等专业课程教学与项目实践融为一体，教学过程即设计制作过程，课程作业即作品。第三阶，基地圆梦（积累实战经验，孵化市场项目，作品变产品）：作品通过毕业设计开放展示周、创新创业成果展、创意集市、等活动，学生作品直通市场。培养对象分为三层：青苗层（普通学生）、骨干层（愿意创业者）和创客层（创业有为者）。“三阶三变三层”的双创教育基础课程体系见图1。

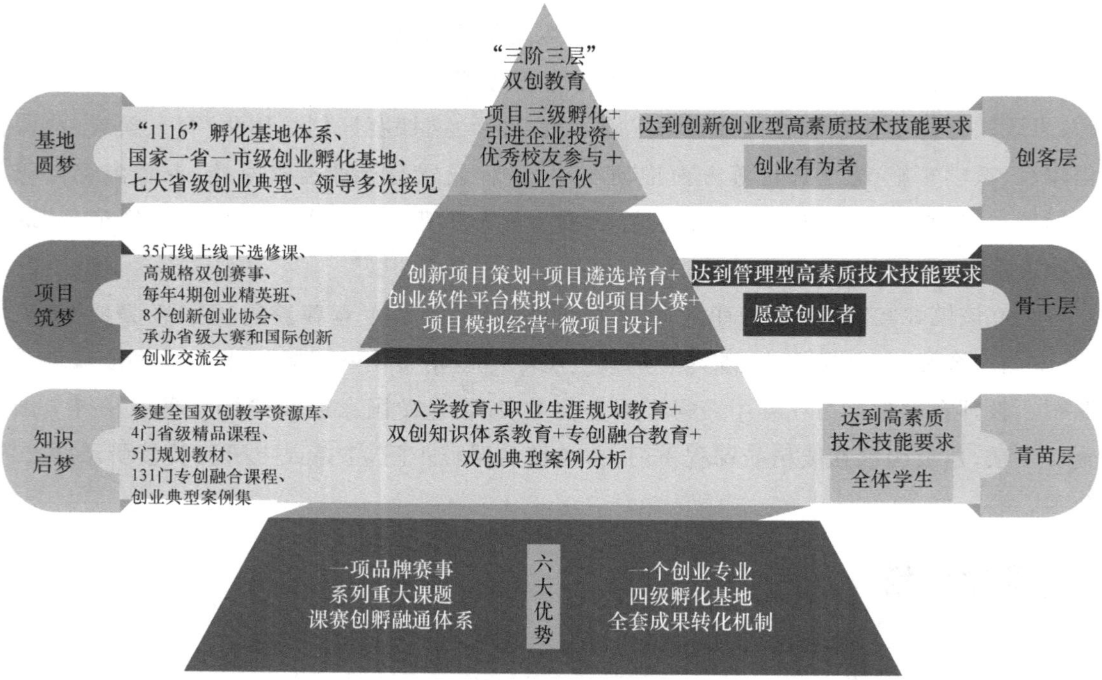

图1　“三阶三变三层”的双创教育基础课程体系

（2）以证定课：构建“岗课赛证创”专业课程教学模块

以财经商贸类专业对接职业岗位工作流程为导向，升级优化现有的课程体系，构建“岗课证赛创”五元融合的模块化课程。引进行业企业新知识、新技术、新规范，进行“岗课赛证创”一体化设计，将课程改革作为核心，推动人才培养模式革新，从岗位工作过程需求出发，与企业共同构建模块化、能力递进式的课程，按职业岗位能力要求完善课程标准和顶岗实习；以职业技能等级认证、专业技能竞赛的能力和素养要求为目标优化课程模块，教学团队继续探索分工协作、校企双导师联合授课等模式。“岗课赛证创”专业课程教学模块见图2。

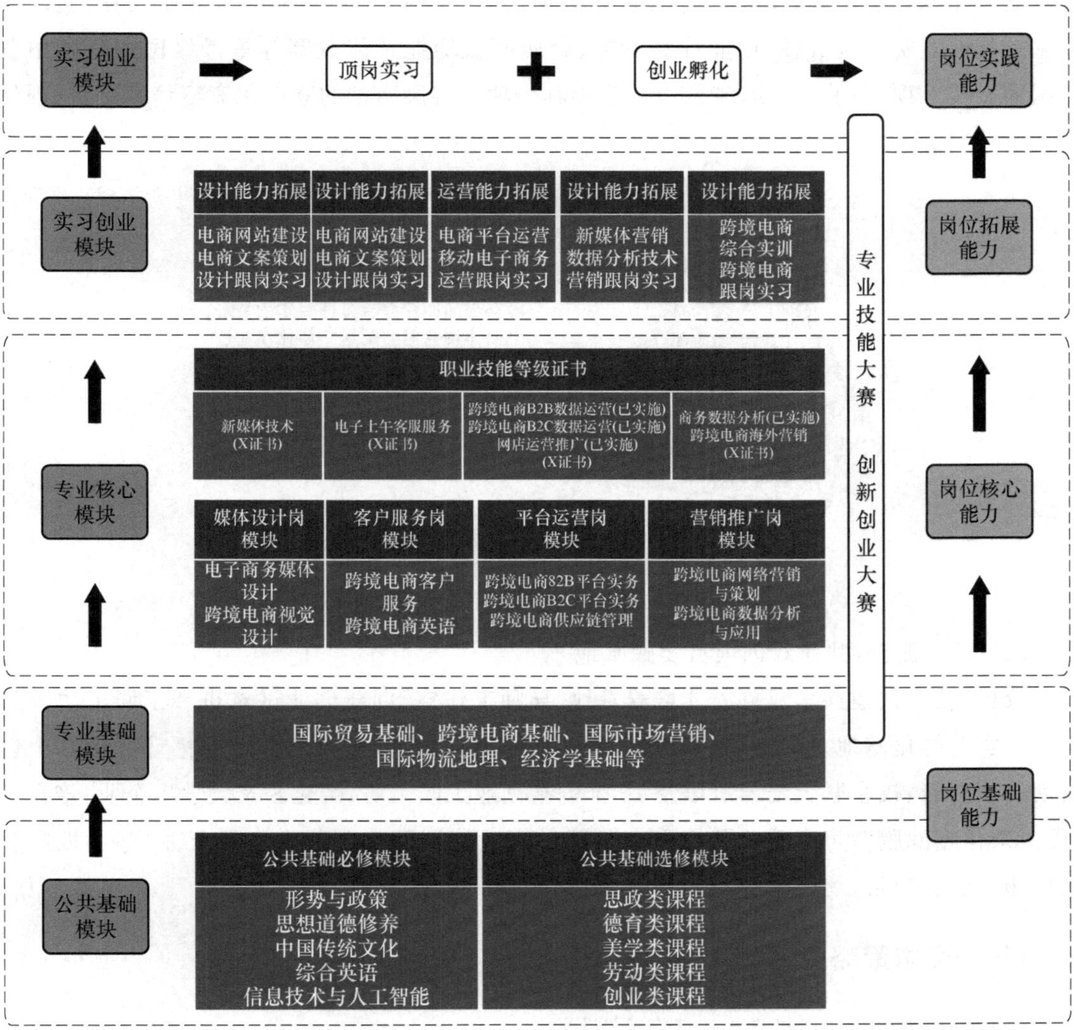

图2 “岗课赛证创”专业课程教学模块

(3) 以产促教：打造产教多元化师资队伍

组建由职技双创教师、专业骨干、技能大师等39人的校内双创教育师资队伍；邀请知名技术专家、资深投资人、成功创业者、高水平双创项目指导教师等86人组建双创校外名师团。采用产教师资互聘的形式，实施创业导师教学、专业教师讲学、技能大师演学的教学模式，实现师资共享。

(4) 以赛导课：搭建递进式立体化竞赛培育平台

依托1+X证书制度，职业技能等级证书和课堂教学的对接从考核内容、考核标准、考核评价等方面全方位开展。技能竞赛和教学融合的关键在于将课程的重点知识和技能转化为一系列可量化的竞赛考核点，依托层层递进的立体化技能竞赛平台，组织学生在课堂学习过程中递进式参与技能竞赛和相应的技能训练。同时，沉淀大赛各类项目案例库，将大赛项目案例融合到行业应用实践课，将教学、训练及大赛的操作视频等转化为教学资源，建立立体化课程资源库，实现课赛融通。学生在“互联网＋”大学生创新创业大赛、全国职业院校技能竞赛、“挑战杯”创业计划竞赛、金砖国家职业技能竞赛等重量级国家竞赛中获得国家金奖7项、银奖16项，省部级奖项100余项。层层递进的立体化竞赛培育平台(现代物流专业)见图3。

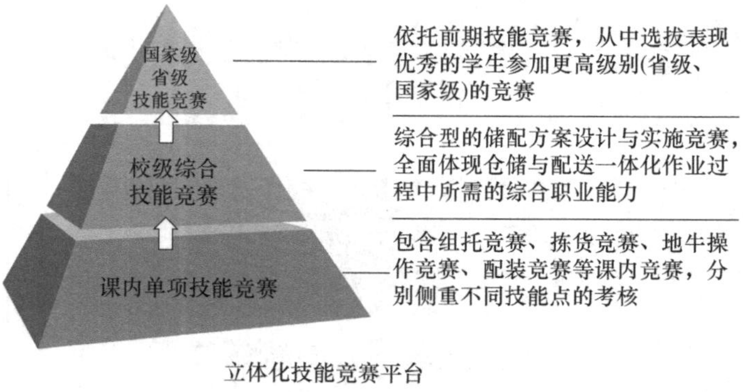

图3　层层递进的立体化竞赛培育平台(现代物流专业)

(5) 以学促创：共建双创项目实践基地

校校、校企共建共享双创人才培养基地、导师工作室、创新创业试点班和工匠工坊等双创项目实践孵化基地，整合原有资源，开放共享空间，实现共育共培。目前累计开设6个创新创业试点班、校企联合培养班以及10个创新创业工匠工坊，孵化8家大学生企业，培育了“稀土杂化超滤膜”“声声驼铃跨境电商”“即时配送培训平台”“彭水王者紫苏”等一批产业化市场化创业项目。

(三) 实施策略

(1) 创新教学方法，打造“三有三活”课堂

① 有味道，更活跃：以学生为中心，采用理实一体、翻转课堂、游戏互动等教学模式，打造“有味道”的课堂，让学生课堂参与更活跃。

② 有温度，更鲜活：运用专题嵌入、隐性渗透、亲身体验等方式，将课程思政有机融合到课堂教学实施中，开展“透过党史教育，跟党学创业”专题教学，打造“有温度”的课堂，让教学内容更“鲜活”。

③ 有效度，更活力：充分发挥企业“第二课堂”效应，与行业领军企业展开深度合作，在实践教学活动中采用创业导师教学、专业教师讲学、技能大师演学，打造“有效度”的课堂，让教学场景更活力。

(2) 实施“职业性、多主体、多元化”改革评价方式

① 职业性：课程项目的评价指标和标准对接企业的岗位职业标准，同时兼顾相关的证书考核标准和竞赛考核标准。

② 多主体：除了常规的教师评价外，线上教学平台可以对学生的在线学习表现进行客

观评分；同时，学生参照课前发布的评价标准，对本人以及其他小组的项目任务表现进行评价；此外，合作企业专家根据平台上各组学生提交的项目成果，对其表现进行打分。

③ 多元化：除了对学生在课后提交的分析报告开展结果性评价之外，教师在学生完成项目任务的过程中，考核学生的拣货操作规范性、准确性以及团队协作能力、成本意识等过程性表现。

三、特色亮点

1. 岗位、竞赛、证书、双创与课堂教学相融

一方面，学生在完成学习任务的过程中深刻体验真实的工作情境，通过分析、解决问题来实现知识和技能的关联；另一方面，学生以竞赛的形式开展课程学习和证书培训，不但锻炼学生的专业技能、市场分析、机会识别、成本控制等职业能力，还可提升证书培训的效果。

2. 构建包含不同级别、层层递进的立体化竞赛平台

将课程的重点知识和技能转化为一系列可量化的竞赛考核点，构建了不同级别、层层递进的立体化竞赛平台，学生能够深入参与技能竞赛、双创大赛和相应的知识、技能学习，实现大赛普及化，增强学生参加省级、国家级竞赛的信心，提高竞赛训练的效率。

3. 专业教学中融入课程思政，培养工匠精神和专注细致的作风

按照“讲好党史故事，汲取创业力量，传承红色基因”的总体思路，运用“党史案例＋创新创业”相融合模式，汲取党百年创新智慧；同时，在教学项目中引入企业相关工作的规程和规范，培养学生专注、细致的工作作风，使学生更有荣誉感和责任心。

四、成果成效

1. 双创育人成效显著

激活内生动力，大幅提升了人才培养质量。学生参加1＋X证书考试，通过率达90％以上；学生就业率连年保持在98％以上，用人单位满意率高达95％。学生成长迅速，60％的学生在三年内就成为企业技术骨干或管理骨干；乐业敢创蔚然成风，跟踪显示疫情后仍正常运营的学生初创企业存活率65％。

对接市场需求，输送了大批双创人才。获得国家金奖7项、银奖10项等共计21项国家级奖项，以及86项省部级奖项。涌现出全国大学生就业创业典型人物杨旭伟、2021年度中国大学生自强之星苏江、第十三届重庆市青少年科技创新市长奖获得者陈思源等一批创业典型。

2. 职教领域广泛认同

双创职教品牌形成。原国务院副总理刘延东对学生杨成兴创业事迹做出批示：“认真总结，积极推广”。重庆市市长胡衡华对重庆市青少年科技创新市长奖获得者陈思源给予

高度评价。就业创业典型做法被CCTV《焦点访谈》、中国教育电视台专题报道。2022年第八届“互联网+”大学生创新创业大赛获得国家金奖4项，刷新全国高职院校获奖最高纪录。

兄弟院校交流频繁。接待了深圳职院、浙江旅游职院等65所学校来校交流，赴青岛酒店管理职院、义乌工商职院等10多所学校交流分享。

案例2　智能电子产品设计工匠工坊“三共三享三自主”人才培养模式实践

蔡运富　郑雪娜

一、项目概况

智能电子产品设计工匠工坊自2018年成立以来，始终坚持“以实战项目为载体、采用现代学徒制模式师徒亲授，让每个学员都能够掌握一技之长。同时注重团队建设，提倡快乐和专注并行的学习氛围，不仅有助于学生在校期间的学习，也为他们以后步入社会累积资源”。通过三年的磨练，培养出一批技术技能出色、综合实力出众、战友情谊深厚的学生队伍，也凝结了一支实战经验丰富、能说会做的教师创新团队。

本工坊三年以来培养了正式学员24人、预备学员20余人。他们在智能电子产品设计方面具有非常扎实的功底，并在学业、竞赛、科研方面都有出色的表现。其中，学生获得世界技能大赛光电技术项冠军1人，全国职业技能大赛冠军1人，全国技术能手称号2人，重庆市优秀毕业生2人，重庆市三好学生2人，校级技能大师称号3人。

二、具体举措

1. 五育并举，创新“三共三享三自主”人才培养模式

践行“学生中心、能力本位、工学一体”职教理念，实行五育融合，培养学生自主管理、自主学习和自主发展能力。创新“三共三享三自主”人才培养模式，工匠工坊实施五育融合、“三共三享三自主”人才培养路径，既提升了学生的综合能力，又为工匠的培养打下坚实的基础。“三共三享三自主”人才培养模式见图1。

(1) 德育先行

课堂与训练相融相通。彭华老师用活思政育人元素滋养课堂，增强学生专业自信；蔡运富老师循循善诱，讲透工匠精神渗透日常训练，备受学生好评。

竞技与爱国同向同行。本工坊发起的以“非接触智能测温计”为设计主题的智能电子产品设计与制作校内公开赛，既为学生提供技能竞技的平台，也能激发大家的爱国热情，展现了学生们的创新能力和爱国情怀。

2022年10月，李小松同学在世界技能大赛光电技术项目中获得金牌，展现了中国工匠的技术水平和精神风貌，增强了同学们的民族自豪感和爱国精神，让技能竞技与爱国精神共同推动国家职业教育高质量发展。

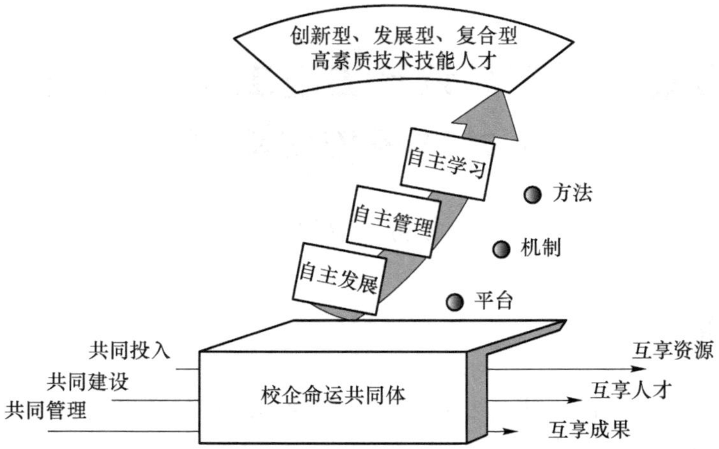

图 1　“三共三享三自主”人才培养模式

(2) 智育为主

工坊聚焦以赛促学、产教融合和科教融汇，通过多元学徒制培养方式，锤炼学生专业技能和创新能力，培养高素质技术技能人才。

产教融合。工坊与专业协同发展，积极展开校企合作，开展多个产品研发项目，学生们已具备很强的智能电子产品开发能力，毕业就业学生均在科技企业担任产品研发工程师角色，实现校企人才共享。学生成果丰厚，公开发表论文 7 篇，申请发明专利 4 项、实用新型专利 6 项。

科教融汇。工坊鼓励学生参与各类技能竞赛和创新比赛，发挥自己的优势，不断改进自己，通过各类活动进科技成果转化和人才培养，推动产业升级和经济发展。本工坊还积极参与实验室建设和专业建设，与深圳嘉立创合作成立“重电-立创 EDA 联合实验室”，并发动学员展开“学长助学”系列活动，促进了物联网专业群的建设。

(3) 体育为基

工坊每天加入体能训练模块，促进学生体育知识和技能的提升。通过模拟演练，制定选手专属的体能训练计划，让体育锻炼成为习惯和肌肉记忆。体育素质是学生坚持到最后的首要保障，能缓解学习和技能压力，起到保驾护航的作用。世界技能大赛冠军李小松和全国技能大赛金牌商峻宁同学通过团队体育教练制定的体能训练计划，强健了体魄，为他们夺冠冲金打下了坚实的基础。

(4) 美育为辅　劳育为中

工坊的赛事训练中加入美育元素，使得所设计的作品更符合美学要求，能够吸引专家的眼球，为学生扎实的技能展示添色增彩，既能提高学生的审美水平和创造力，还可以培养他们的情感、态度和价值观，促进其全面发展。

工坊通过赛事模拟、技术应用等形式，让学生在劳动实践中学习知识和锻炼技能，引导学生养成良好的职业素养(工作台面的整洁,刻苦耐劳的精神等),培育他们的核心价值观和工匠精神。与此同时,鼓励学生参与公益服务和企业劳动实践,提升他们的劳动意识和能力。在 2020 年疫情期间,工匠工坊为了提高学员们的劳动意识和家庭责任感,在云端发起了厨艺比拼。

2. 组建高水平教师创新团队

工坊致力于打造高水平的双师队伍,建立专业带头人和骨干教师培养机制,引进高端领军人才。此外,还探索了校企双主体合作的师资培养模式,并构建了双向人才流动和共育平台。王用鑫和彭华老师均是教学创新团队的骨干教师,而蔡运富老师则担任全国光电技术项目教练组组长,引领团队在教学、教研和科研服务方面实现创新发展。

3. 依托光电技术项目中国集训主基地扎实开展社会服务

一方面通过校企联合打造集训基地,培育国家选手;另外一方面,依托基地联合相关企业积极对外开展了与节能环保紧密相关的 LED 照明与显示技术领域的行业企业培训、智能电子产品硬件设计培训等。

4. 创新机制体制,保障梯队力量生生不息

蔡运富老师是本工坊的总负责人,负责日常管理、培训方案制定、技能竞赛组织、学员选拔及考核等工作。彭华、郑雪娜、王耀灯及何永露老师负责学员思政工作、技能培训、竞赛指导以及教学能力比赛工作,并分组实施项目实践指导。工坊采用梯队选手轮换机制,以保证每个选手都能得到充分的锻炼和比赛机会。该机制不仅有助于提高低年级选手的比赛经验和技能水平,也能够激发高年级选手的责任感和领导力,增强整个团队的凝聚力和战斗力。

工坊实行学长助学机制,学员按年级分组,采用高年级传帮带低年级学员的方式。新生入校即可根据个人兴趣选择高年级学员学习小组,工坊提供免费的开发板、训练耗材及部分工具。除了日常一对一跟随指导外,还定期举办专题化授课,包括电子技术基础、电路设计、软件编程以及综合能力提升讲座等,以提高学员的综合能力和技能水平。

三、特色亮点

① 深化五育融合,创新人才培养模式。坚持德、智、体、美、劳“五育”并举,全面实施学校育人政策。以“自主管理”“自主学习”和“自主发展”为主线,构建了全时段、全地域、全主体的自主管理新环境,引导学生由被动管理向自主管理的转变,规范学生行为习惯。通过改造教学全链条环节,培养学生自主学习能力,提高专业技能的内化、运用和迁移能力,提升学生学习能力。依托校企融合的创新实践平台,为学生提供技术应用创新、商业模式创新等训练,促进学生可持续发展。

② 通过参加世界技能大赛光电技术项目的申报,建设中国集训主基地以及得到全国教

练组组长的支持，工坊的学生拥有了更多参与光电技术项目的机会，更系统地接受培训，实现了五育训练的目标。

四、成果成效

① 夯实硬件设计理论基础，多方位开展社会服务。马金桥获聘“立创 EDA 讲师”，免费培训 1115 人次，熊超在哔哩哔哩网站免费培训 1.9 万人次；依托光电项目中国集训主基地完成选手培训≥500 人日；联合企业开展行业企业培训 1000 人日。

② 培养学生智能电子产品开发应用能力，掌握机器人开发流程和生产管理等技能。参与多项项目实战，发表论文 7 篇，获得专利 5 项，参加的校级竞赛“战疫杯”获奖作品正在优化和试产。

③ 学生竞赛成果丰硕。获得世界技能大赛特别赛光电技术项目金奖 1 项、双创类竞赛金奖 1 项、中华技能大赛银牌 1 项、“蓝桥杯”国赛多项奖项，市级竞赛一等奖 12 项，二等奖 14 项，三等奖 5 项，校级竞赛获奖 11 项。

④ 促进智能终端开发与应用专业及应用电子专业的发展。组织“学长助学”系列活动，开展专题讲座，帮助学生拓展专业技能，发起并协同陈良大师工作室承办了 2020 年我校第一届“智能电子产品设计与制作”大赛。

⑤ 学生毕业后均在企业从事产品研发或升本，另外有一人参军入伍。工坊学员获评三好学生 2 人、优秀毕业生 2 人，获得国家奖学金 2 人、国家励志奖学金 2 人。工坊持续不断地为企业和院校培育高素质技术技能人才，推动职业教育高质量发展。

五、经验总结

① 卓越人才工匠工坊项目得到学校和学院的大力支持，他们为项目投入了经费和人力，这使得工坊工作得以顺利开展，保障了学生竞赛的顺利进行。

② 工坊建立了健全的梯队选手培养制度，从学生入选工坊开始，就会有相应的培养计划和目标，以及严格的考核和选拔机制，确保每个学生都能得到适当的培养和锻炼，实现个人的成长和进步。

③ 工坊拥有一支优秀的教师团队，他们拥有丰富的教学经验和专业知识，能够为学生提供高质量的培训和指导。同时，工坊采用创新的人才培养模式，注重学生的实践能力和创新思维的培养，让学生在实际操作中学习和成长。这种模式的成功，也为其他同类项目提供了有益的借鉴。

六、推广应用

智能电子产品设计工匠工坊在建设过程中不断进行优化改进工匠工坊建设方案，总结凝炼形成团队建设成果——五育并举，创新“三共三享三自主”人才培养模式案例。该案例适用于职业教育包括并不限于智能终端开发与应用专业及应用电子专业。工坊通过打造高水平的双师队伍，建立专业带头人和骨干教师培养机制，深化五育并举，培养五育学生，为智能电子产品行业培养高水平的技能人才；采取专项培训、主题研讨、交流互访、专业建设指导、论坛主旨发言等多种方式推广卓越工坊建设成果。

案例3 “畅想未来”电商技能工匠工坊“岗课赛证训创”综合育人教学改革实践

杨 明

一、项目概况

财经管理学院电子商务专业群“畅想未来”电商技能工坊立项为学校2018级“卓越技术技能人才”工匠工坊项目，基于技能竞赛、创新创业，培养具有创新精神和工匠精神的复合型“新商科”优秀技术技能人才。自2018年9月人员选拔并组建，形成了一套独特而有效的训练体系和方法，项目建设任务全部实施，建设成效显著，特别是在学生职业技能竞赛中取得了优异的成绩。

二、具体举措

1.“岗课赛证训创”综合育人，培养复合型技术技能人才

第一，注重宣传教育的内容设计。一方面，帮助卓越技能工坊的学生理解“岗课赛证训创”综合育人教学改革的意义，引导他们通过正确的方式方法获取相关证书和奖励，激发他们学习的内生动力；另一方面，积极为卓越技能工坊的学生介绍当前国家关于职业教育的大政方针和先进理念，帮助他们从多角度和多层次理解我国职业教育制度的框架，鼓励他们树立成为复合型技术技能人才的目标。

第二，运用多元化的宣传渠道和宣传方法。一方面，发挥课堂教学主渠道的宣传作用，开展“岗课赛证训创”综合育人教学改革专题宣传活动；另一方面，依托社团活动、思政教育、入学教育、专题讲座等形式开展宣传，使“岗课赛证训创”综合育人教学改革与校园文化建设和制度设计相契合，营造有利于“岗课赛证训创”综合育人的环境氛围，鼓励卓越技能工坊的学生为了远大的职业理想而不懈奋斗。

2.“岗课赛证训创”六位一体，有效提升课堂教学效果

职业教育具有“学”“做”结合的特征，尤其重视“做中学”的过程。“岗课赛证训创”综合育人教学改革要求采用手脑并用的示范性教学方法，不断提升课堂教学效果。在教法改革中，综合采用任务驱动法、项目教学法和引“赛场”入课堂等教学方法，激发学生学习的主动性，帮助卓越技能工坊的学生提升分析问题和解决问题的能力及创新能力。

首先，任务驱动法符合高职“岗课赛证训创”综合育人教学改革的目标，能够让卓越技

能工坊的学生在“做中学”。进行设计课堂任务时充分考虑“岗”“赛”“证”三要素对卓越技能工坊的学生职业素养的要求，在课堂中采用任务驱动教学法，促进“岗课赛证训创”六要素的相互融合，帮助学生更好地掌握相关技能，提升职业素养。

其次，运用项目式教学法，通过完整的项目来开展具体的教学活动，能够促使卓越技能工坊的学生全身心地投入项目，提升自身的岗位胜任力、实践能力和创新能力，突破了课上与课下的边界。最后，采用引“赛场”入课堂的教学方法，促进日常教育教学与职业技能大赛更好地衔接。将大赛的具体标准和相关要求融入日常教学过程，达到“以赛促教、以赛促训、以赛强技”的目的。

3. “岗课赛证训创”教学资源，提高教学资源利用效率

为了不断提升“岗课赛证训创”六位一体的教学效果，积极打造优质教学资源，建设集教学、实训、参赛、考证、创新创业于一体的教学资源库，帮助卓越技能工坊的学生充分了解电商岗位要求和相关企业文化，做好职业规划。卓越技能工坊的学生可以通过资源库中的课程资源自学相关知识和技能，提高自身的理论知识水平和实践能力；通过观看职业技能大赛视频和参与模拟比赛，深入了解大赛的规则和要求，提高自身的参赛能力和比赛成绩；借助资源库中的1+X职业技能等级证书真题和相关解析，完成相应的测试和训练，提高应试能力；通过仿真模拟实训模块，提升职业技能，增强实践能力；了解最新的创新创业信息，不断提升创新创业能力。高职院校不断筛选、整合、共享优质教学资源，有利于延长卓越技能工坊学生的学习时长，提高他们的学习效率，帮助他们拓展视野、提升能力。

4. “岗课赛证训创”育人改革，构建分层次多场景模式

面对不同层次、不同类型的生源，从卓越技能工坊的学生实际情况出发进行分层教学和指导，是“岗课赛证训创”综合育人教学改革的必然路径。

首先，以电商岗位的硬性需求为基准，要求卓越技能工坊的学生不断提升自身的职业能力，营造合作互助的学习氛围，不断提升卓越技能工坊学生的创新创业能力、学习能力和职业素养。采取分层教学模式，能够根据不同层次学生的学习需求和技能需求，有针对性地制定教学计划，从而高效利用教学资源，及时满足卓越技能工坊的学生需求。通过参与分层教学，卓越技能工坊的学生更容易从学习中获得成就感。

其次，采取个性化的分层分类考核模式，将卓越技能工坊学生的比赛获奖情况、实习实训情况、职业素养评价等纳入课程考评体系，突出考评的层次性和差异性，形成更加有效的考评体系。最后，利用多样化信息工具，探索分层次、多场景的教学模式，以满足卓越技能工坊学生的学习需求，增强教学活动的体验感，将“岗课赛证训创”综合育人教学体系落到实处。多层次、多场景的教学模式见图1。

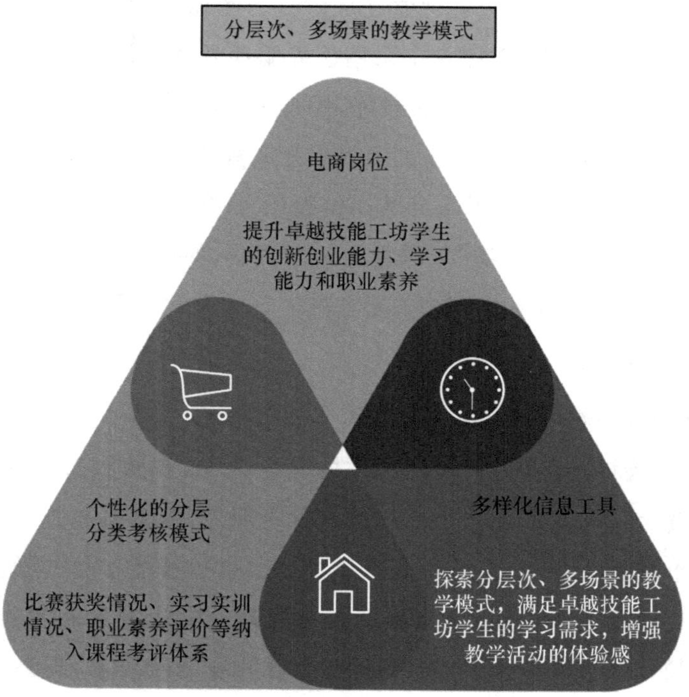

图 1　多层次、多场景的教学模式

5. “岗课赛证训创”教学模式，构建多元维度评价体系

将教学评价贯穿教学活动的全过程，并从不同角度提出建议，促进与行业企业需求的衔接。在实施过程中，依据以学生为主体、教师为主导、多元主体参与的原则进行阶段性评价，及时解决教学活动中出现的问题。同时，积极实施多维度、多样化的结果评价，或对学生通过课程所获得的专业能力、复合能力、社会能力等进行评价，或通过“以赛代考、以证代考”等形式进行评价。建立长效反馈及改进机制，基于多元主体的反馈体系，及时调整教学内容和教学方法。

三、特色亮点

1. 校内技能联赛，提升实践技能

校内技能联赛即在专业内或者全校组织的技能联赛。组织校内联赛，一是要注重选择合适的联赛项目，既要重视学生的职业素质、职业能力的培养符合专业特点，又要与全国大赛相关联，起到选拔种子选手的作用。二是在联赛的组织实施中，要充分调动学生的积极主动性，要制定详细的奖励制度，不仅要有物质上的奖励（如资金、物品的奖励），更要有精神上的奖励（如组织选拔选手演讲、年终考核加分等），形成“教师指导为辅，学生相互学习提高为主”的联赛机制。

2. 参与技能大赛,拓宽创新视野

电子商务专业是一门实践性很强的新兴交叉复合专业学科,我国经济社会的发展也对创新型电子商务人才培养提出了迫切的需求,大赛为大学生理论联系实际,学以致用,强化网络交互能力、团队协作能力、项目组织开发能力等大学生创新创业素质培养,在实践中学习、在实战中成长,提供了施展才华的广阔空间。每一年,重庆市以及全国都会举办电子商务专业相关的技能大赛和创新创业大赛,虽然组织单位和大赛日程不同,但大赛在提高学生实践应用能力,开拓创新思维以及团队合作等方面都起到了积极的作用。

3. 导师赛教结合,促进教学相长

“导师制”是一种理念先进的教育制度,其最大特点是师生关系密切,教学管理一体化。随着高职教育的深入发展,“导师制”的培养模式越来越受到大家的追捧,也越来越显示出优越性和合理性。在“导师制”的实施过程中,注重教师的专业素养尤其是教师擅长的专业方向。因此,教师可以根据自己的特长选择辅导的技能项目,而学生则根据自己的技能需求和职业规划等,选择合适的导师进行技能辅导,这样就能够做到“人尽其才,学有所长”的目标。

4. 三教改革抓手,推动全面提升

职业技能竞赛对于促进实践教学体系改革有着重要的意义。要通过职业技能大赛的开展,促进高职院校电子商务专业“三教”改革的实施,促进学生职业素质提高。把职业技能大赛作为推动和深化高职院校实践教学改革、突出职业教育特色的重要手段。由于大型比赛名额有限,可能会表现为只有少量的学生参加训练和比赛,更多的学生难以有锻炼和展示的机会。因此,一定要从实际出发,充分发挥技能比赛对全体学生专业技能学习的促进作用,要让所有的学生都参与到竞赛中去。同时,本着教学相长的原则,教师与学生共同参与职业技能竞赛,同场竞技,提高教师的教学能力、教学水平和教学技能等,激励教师主动适应信息化、人工智能等新技术变革,促进教师教学设计与实施能力提升,推进教师落实定期企业顶岗实践。

将技能竞赛融入日常教学中去,把竞赛项目作为检验学生学习成果的手段。在专业课程的教学中,把技能竞赛贯穿其中,以赛促学,以赛促教。以技能大赛引导,促进实践教学体系改革,将技能竞赛内容放到课程改革项目和教学过程中去,充分发挥技能大赛的促进作用。按照职业技能培养的需要,对实践教学体系进行调整和整合。例如,以电子商务师竞赛作为学生取得1+X网店运营职业技能等级证书(中级)前的准备工作,可以有助于学生X职业技能等级证书的取得。

以技能竞赛促进实践教学,以实践教学作为技能大赛的基础,技能竞赛检验实践教学的成果,并进一步完善实践教学体系,适时编写相应的指导教材,通过校内竞赛选拔出优秀选手参加校外技能大赛,带动校内竞赛的改进;通过赛训结合,形成实践教学的良性循环。

四、成果成效

“畅想未来”电商技能工坊自建立以来，项目团队对照项目建设目标，从人员、分工、计划、进度等方面入手，确保建设目标有效落实。截至项目结项，“畅想未来”电商技能工坊应完成预期任务目标4个，实际完成4个，目标达成率100%；项目总体预期成果8项，已完成8项，完成率达100%。“畅想未来”电商技能工坊总体预期成果完成情况对照表和其他成果对照表见表1和表2。

表1　“畅想未来”电商技能工坊总体预期成果完成情况对照表

序　号	建设方案/申报书预期成果描述	实际完成情况	备　注
1	获得重庆市电商职业技能大赛三等奖及以上4项	省部级获奖11项	已完成
2	获得全国电商职业技能大赛三等奖及以上2项	国家级获奖4项	已完成
3	工坊训练指导书1本	编写工坊训练指导书1本	已完成
4	获得校级教学成果奖及以上1项	省级获奖1项	已完成

表2　“畅想未来”电商技能工坊其他成果对照表

序　号	成果描述	实际情况	备　注
1	获得“互联网+”创新创业大赛奖项	省部级获奖3项	银奖3项
2	获得“三创赛”奖项	省部级获奖1项	一等奖1项
3	获得行业赛奖项	省部级获奖3项	教师组 一等奖1项 二等奖2项
4	获得行业赛奖项	国家级获奖2项	教师组 二等奖1项 三等奖1项
5	获得教学能力大赛奖项	省部级获奖1项	教师组 三等奖1项

五、经验总结

“畅想未来”电商技能工坊得到了广大学生的大力支持，很多同学都对技能大赛非常感兴趣，学生的积极性也很高，但通过一段时间的训练后，个别学生无法坚持，备赛中遇到瓶颈，产生畏难情绪。针对出现的问题，项目组聘请行业企业专家为学员进行针对性指导，及时对接大赛前沿；根据学生的特长，帮助学生找准比赛模块，精准训练，最大限度发挥学生的能力和特长；定期开展招生宣传工作，及时给予学生补贴和竞赛奖励，打消学生的顾虑，使其全身心投入到技能训练中来。

六、推广应用

(1) 适用范围

本案例适用于电商行业中需要拥有高水平技术人才的企业,包括电商平台、电商服务提供商、电商解决方案提供商等。

(2) 应用场景

培训和教育:可以应用于高等院校、职业培训机构等场所,培养和推广高技能人才,提高人才水平和素质。

企业内部培训:可以应用于企业内部培训,提高员工的技能和素质,促进企业的发展和竞争力。

专业技能比赛:可以应用于各种专业技能比赛,提高参赛选手的技能水平,促进技能比赛的发展和提高比赛水平。

(3) 注意事项

① 注重实践和应用,培养和推广高技能人才,以解决实际问题和提高生产效率和产品质量。

② 注重创新和发展,推广新技术和新工艺,以满足市场需求和提高经济效益。

③ 注重合作和共享,建立技术人才培养和推广的联合机制,以促进资源共享和优势互补。

案例4 “信安·博雅”工匠工坊网络安全实战型人才培养实践

胡 兵

一、项目概况

自2021年“信安·博雅”工匠工坊立项以来，组建了来自行业主管部门、行业企业和学校教师的导师团队，围绕“攻、防、测、控、管、评”实战能力需求，从“学、赛、研、做”四个方面开展学员的培养，累计培养工匠工坊学员15名，完成了项目立项建设的任务目标。已毕业的13名学员中，7名学员升入本科学校继续深造，6名学员就职于网络安全行业相关企事业单位。

二、具体举措

网络安全实战型人才是指在真实网络安全业务场景中，能够胜任网络安全运维、安全监测、安全测评、风险评估、应急响应、漏洞挖掘、渗透测试相关业务工作，能够及时处置和有效解决实际安全问题的高素质高技能网络安全人才。在现有专业教育基础上，为有效提升学生“攻、防、测、控、管、评”实战能力，“信安·博雅”工匠工坊导师团队借鉴信息安全领域PDRR模型思想，提出**以导师主导的“学赛研做”培养形式大循环推动促进以学生主导的“知练思改”学习形式小循环的“双循环”培养路径**，激发学生学习兴趣和主动担当作为，提升学生理论知识水平和独立思维能力，让学生即掌握实战所需的应用实操技能，又形成规范的做事方法和良好的行为习惯。“信安·博雅”工匠工坊网络安全实战型人才培养路径见图1。

1. 以学促知，强化专业基础理论

网络安全所涉及的专业知识面广、更新迭代快，许多专业理论知识的学习需要结合实践应用场景才能更好地理解和掌握，导师团队成员充分利用各自所在单位的资源优势，通过研学、讲座、培训等方式，帮助学员强化对所学理论知识的理解，明确知识应用场景，促进学员的学术和职业发展。

一是组织学员参加RED TEAM夏训夏令营，通过夏令营的研学活动中企业工程师的经验分享、同行的技术交流和实践操作，激发学员学习兴趣和激情。

二是导师团队定期邀请网络安全主管部门、行业企业专家开展法律意识、前沿技术、职业发展等专题讲座，为工匠工坊学员分享实践案例和经验、拓展学员知识视野。

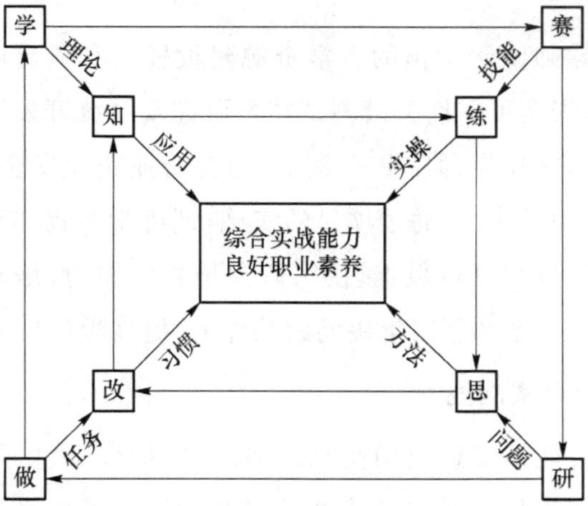

图1 “信安·博雅”工匠工坊网络安全实战型人才培养路径

三是结合网络安全相关的国家职业技能标准，联合企业为学员提供职业技能培训，鼓励学员参加国家信息安全水平考试、网络安全运维职业技能等级认证（1＋X）考试，通过认证考试帮助学员有针对性地学习和提升自己的能力。

2. 以赛促练，提升技术技能水平

竞赛是练习技能，促进技能提升的有效手段，导师团队组织学员通过研习、服务、参与竞赛三种方式，充分利用各类竞赛提升学员技术技能水平。

一是研习竞赛。针对各类网络安全相关赛项历届赛题，组织学员进行分类整理和学习，在导师指导下重现赛题环境，还原解题思路，并以视频或PPT课件的形式将赛题资源转化为教学资源，使学员从被动的练习转变为出题人的视角理解知识技能考核点。

二是服务竞赛。在我校承担的各类网络安全竞赛中，组织学员参与竞赛环境的搭建、系统的安装部署，以及相关的志愿者服务，在锻炼学员技能应用能力的同时，磨炼学员吃苦耐劳和乐于奉献的精神。

三是参与竞赛。积极组织工匠工坊学员依据自身特长，组队参与各类网络安全竞赛，通过竞赛检验和提升自身知识技能操作水平，并在竞赛的过程中培养学员的积极进取和团队协作意识。

3. 以研促思，培养应用创新思维

针对学员学习过程中缺乏主动发现问题、研究问题和创新解决问题的情况，导师团队通过组织技术研讨、开展项目研发，训练学员应用创新思维，培养创新精神。

一是依托与重庆市公安局共建的网络安全工程技术联合研究中心，定期组织开展网络安全技术研讨会，探索前沿技术和趋势、分享解决问题方案和经验，帮助学员深入了解网络安全领域相关知识，跟上技术的发展步伐，保持对新技术的敏感性，为未来的学习和职业发展做好准备。

二是组织学员参与导师团队承担的教学资源建设任务和科研课题。工匠工坊学员先后参与了“智能电表软件安全可靠性关键测试技术研究及系统开发”“网络空间安全综合技能训练靶场研发”等项目，并在导师团队带领下，结合行业企业安全防护实际需求，研发了“一键式网络安全漏洞检测系统”。通过项目的实施，训练学员提出科学问题、阅读文献、调研资料、设计实验方案、收集和分析数据、撰写研究报告的能力，培养学员批判性思维和逻辑推理习惯以及主动研究问题和创新解决问题的能力，提高学员科学素养和综合素质。

4. 以做促改，锻炼综合实战能力

网络安全攻防实战技能的实践应用受到诸多限制，特别是《中华人民共和国网络安全法》颁布实施以来，针对真实目标系统的渗透技术尝试更加需要受到严格的控制。针对这一现状，项目导师团队积极与地方网络安全主管部门协同，利用国家信息安全漏洞共享平台、教育漏洞报告平台等合法途径，联合网络安全行业企业以社会服务的形式，将“漏洞上报”“护网行动”“关键信息基础设施安全检查”“风险评估”“实战攻防演习”等网络安全保障工作引入培养过程，围绕系统渗透检测、原创漏洞挖掘、攻防实战演习等任务，开展学员综合实战能力培养，并在培养过程中融入网络安全行业的“新要求、新规范、新标准”，帮助学员树立网络安全法律意识、标准规范意识，培养良好的职业道德和专业素养。

三、特色亮点

1. 坚持三新三实导向，把握行业发展方向

培养过程坚持“新要求、新规范、新标准”引领，坚持“实用、实战、实效”导向，让学员在真实案例研习、真实竞赛参与、真实任务实施过程中，了解行业发展趋势，拓展专业视野。

2. 引导学生主动作为，提升知识技能水平

培养过程中，以导师主导的“学赛研做”大循环推动促进以学生主导的“知练思改”小循环，激发学生学习兴趣，培养学生主动担当作为和独立思维习惯，在实践中提升理论知识和技术技能水平。

3. 注重思政要素融入，锻造德技兼修人才

培养过程中，通过实际项目实施的行业规范要求、行业企业专家专题讲座、网络安全案例分享等形式，帮助学员在掌握实战所需的“攻、防、测、控、管、评”综合技能的同时，树立正确的网络安全观，培养良好的职业道德和专业素养。

四、成果成效

① 学员中获取网络安全运维中级技能等级证书 9 人、高级技能等级证书 7 人，国家信

息安全水平考试(NISP)一级证书2人,企业认证的信息安全专业人员——运维工程师高级证书7人,获评重庆电子科技职业大学2022年校级优秀大学毕业生1人、重庆市三好学生1人、重庆市优秀毕业生1人。

② 学员参与竞赛,获得国家级行业职业技能大赛一等奖1项,省级技能大赛一等奖3项、二等奖1项、三等奖3项、全国密码技术竞赛三等奖1项,创新创业大赛省部级银奖1项、二等奖1项;学员获得重庆电子科技职业大学2021—2022学年“卓越技术技能人才”——“技能专家”1人,重庆市青年岗位技术能手称号2人。

③ 学员参与技术研发任务,获得软著7项、申请并获得受理发明专利1项,其中“简检小安 一键式网络安全检测平台”软著完成成果转化,所研发的“网络空间安全综合技能训练靶场”已用于信息安全技术应用专业“网络安全实训”课程教学中;学员向各个漏洞共享平台提交了多份原创漏洞,先后受邀参与了重庆市2021年护网行动、2022年和2023年教育部实战攻防演习等重大活动,获得了相关部门的高度认可。

④ 工匠工坊已毕业的13名学员中,7名学员升入本科学校(长江师范学院、重庆移通学院)继续深造,6名学员就职于网络安全行业相关企事业单位(启明星辰、重庆梦之想、国家安全相关部门等)。

五、经验总结

网络安全实战型人才的培养离不开政行企校多方构建的人才培养生态。本项目的成功实施,除了学校的政策资金支持,还得益于项目导师团队成员有来自于重庆网络安全主管部门的人员、有来自奇安信和重庆通信设计院的企业人员。项目团队成员在项目实施中充分调动了各自单位的资源优势,为学员培养提供了优质的培训资源、丰富的实践案例和真实的项目支持。

“信安·博雅”工匠工坊针对学生缺乏学习的积极性、主动性和获得感的问题,提出“学赛研做”“知练思改”双循环培养路径,有助于培养学员主动担当作为和独立思维习惯、拓展专业视野,在掌握网络安全实战技能的同时,树立正确的网络安全观,养成良好的职业道德。该培养路径为职业院校培养网络安全人才提供了良好的借鉴。

案例5　人工智能应用技术创新工坊基于项目制的人才培养实践

张浩淼

一、项目概况

人工智能应用技术创新工坊是一个以培养人工智能领域的技能型拔尖创新人才为目标的平台。在工坊实施期间，通过将“工匠精神”与“创新精神”两者结合，提高学生的职业素养与创新能力，同时引进企业真实项目，引导学生在实践活动中增长专业技能、培养细心认真的态度、塑造精益求精的品质、强化团队合作能力和沟通协调能力。

工坊成员共计7名，这些成员来自人工智能与大数据学院不同专业。经过为期3年的建设，每位同学均取得了不错的成果。在工坊实施期间，工坊开发了“智能+”数字孪生可视化平台、Gscloud发电机组云控平台、国家NCSS调查问卷平台、智能网联汽车系统等。工坊主要成果包括：承接企业科研项目4项，参与省部级课题研究5项，完成横向企业项目9项，开展大学生创新项目5项，发表学术论文5篇，获得实用新型专利10项，取得国家软件著作2项，获得国家奖项3项、省级奖项27项（其中金奖8项）等。

二、具体举措

1. 人工智能专业与产业对接研究

（1）调研人工智能与重庆区域产业对接

剖析当前的工匠工坊的逻辑与人才培养定位存在的问题，分析工匠工坊对地方产业和区域经济发展的出发点和立足点，促进工坊成员与产业对接，探索培育“高、精、专”的工匠工坊特殊性人才，为人工智能产业提供源源不断的储备。

（2）掌握企业对人工智能专业的人才需求情况

深入了解企业一线，梳理企业对人工智能专业的职业技能以及职业素养的需求，结合高职学生人才培养模式的特点，产教研学一体化发展，制定独特的“多元协同、德技并修、工学结合”人才培养模式。

2. “平台＋模块”课程体系构建

根据社会岗位对“人工智能”专业人才的需求，加强高校与企业之间的合作交流，搭建“平台＋模块”的专业课程体系。“平台”主要以实验室形式为载体，引进企业真实项目，“模块”实现不同专业人才的分流培养，划分学生培养过程阶段，指导学生实现自我价值与社会价值。

3.“工匠工坊”式人才培养模式研究

基于工坊的育人环境，结合《教育部关于职业院校专业人才培养方案制定与实施工作的指导意见》文件要求，在人才培养目标上，聚焦“三全育人”和立德树人，围绕创新创业精神、意识、知识、能力、品质5个核心要素，培养德才兼备、基础扎实、善于实践、勇于创新、综合素质高、社会责任感强的应用型专门人才。

遵循“项目任务驱动、工作过程系统化”的机制，让学生在完成具体的任务中掌握知识和技能，培养学生职业素养和工匠精神。通过项目申报立项形式，将企业小微项目引入研究室，选拔优秀学生参与项目实施，开展研究性学习，大学生实践创新训练计划、科技创新创业项目等实践。通过提供完整统一、技术先进、项目齐全、高效稳定、安全可靠的工匠工坊，开展课程资源开发、科研创新、技能竞赛、对外服务以及人才就业服务等合作项目充分发挥双导师学生学业评价功能，重视学生校内学习与实际工作一致性，校内成绩考核与企业实践考核相结合，制定基于工匠工坊的学分置换办法。人工智能应用技术创新“工匠工坊”的人才培养机制见图1。

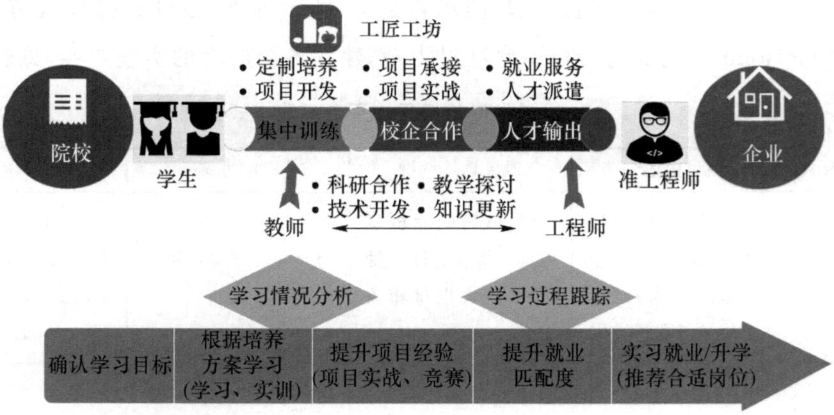

图1　人工智能应用技术创新“工匠工坊”的人才培养机制

4. 实践实训体系架构构建

根据技术技能由易到难的逻辑，将理论知识融于实践过程，以实践过程引导学生理解、掌握和应用复杂的理论及技术知识。以能力为本位，以理论与实践统一为实践课程体系构建的起点，进行分层设计，培养基于工作过程的基础或单项能力、基于工作任务（工程项目）的综合能力、创新应用及自我发展能力。“工匠工坊”式实践教学体系总体目标框架见图2。

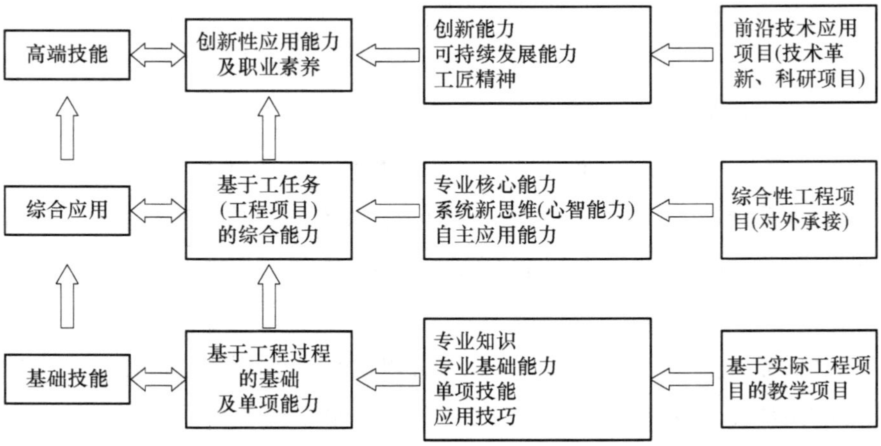

图 2　“工匠工坊”式实践教学体系总体目标框架

5. 实践教学模式及实施

“工匠工坊”式实践教学秉持技术技能逐渐生成或构建的观点，基于工作过程系统化设计实践教学内容，逐步提升知识和技能，全面培养学生岗位技能综合应用能力。具体实施以工坊为平台，由企业技术名师和学校教学名师组建教学创新团队，按图 2 所示的三个层次的要求，建立每个实践项目成效目标、技能培养目标、技术标准、设计或操作规范、考核评价标准等。以 Gscloud 发电机组云控平台项目为例，建立各个层级的实践内容，见表 1。

表 1　Gscloud 发电机组云控平台实践模式实施

实践能力目标	项目内容	项目具体举措	实施方案	实践教学评价设计
基础及单项能力实践	基本电路硬件设计、制作、调试及维护；发电机设计流程；运行状态维护与现场优化	1. 能够清晰发电机内部结构及运行原理 2. 发表发电机相关论文	与导师协作参与项目全过程实践	形成性评价为主（占60%）、终结性评价为辅（40%），开展形成综合评价
综合能力工程实践	硬件、软件、控制等系统的开发、设计；业务数据处理及人工智能应用	1. 独立完成软件的开发 2. 能够与企业人员完成对接工作	以综合实训、项目开发、技能大赛等形式开展，校企双导师协同完成，学生分组协同完成，综合全面训练小组成员	形成性评价和终结性评价相结合（各占 50%）进行综合性评价
创新型应用能力及职业素养实践	发电机在特殊场景应用创新；软件系统优化升级；硬件系统优化	1. 在已有的研究层面创新 2. 参加创新创业、技术能力类比赛并取得良好的成绩	以项目研发、创新创业大赛等形式开展，企业专家主导项目方案制定和技术指导、工坊教师参与项目实施指导，工坊学员小组分组协同完成	总结性评价为主（占60%），形成性评价为辐（占 40%），对小组成员进行差异化评价

6. 成果应用与实践

① 深入贯彻产教融合，培养具有工匠精神的高素质创新人才和技能人才，解决微企业资金人才问题，高职院校与企业深化合作，提供技术咨询、应用研发服务。

② 开展"工匠工坊"实训基地，将项目转化成课程内容，优化专业课程体系，构建以企业项目为实践教学体系，为专业课程教学提供资源。

③ 根据目前工匠工坊培养方案问题研究，重构高职院校工匠工坊人才培养模式，为其他高职院校建设工匠工坊提供参考。

④ 积极响应"双创计划"，对接工匠工坊课程体系，完成实践项目成果转化，促进具有工匠精神的专业人才实现创新创业职业规划。

三、特色亮点

1. 研究目的

本课题研究聚焦"AI 新基建""双高计划"等国家政策，发展人工智能产业与人才培养模式质量提升，开展基于人工智能"工匠工坊"人才培养模式的研究。

2. 拟创新点

(1) 研究特色突出

研究以工匠精神理念为指导、以学生技能为中心的人才培养方案，以达到有效进行人才培养模式改革的目的。

(2) 研究内容创新

以人工智能专业为主导方向，探索工匠工坊背景下人才培养规格，构建人工智能专业特色课程体系，升级"平台＋模块"课程体系建设，从而实现构建中国特色课程体系。

(3) 多元化发展

项目采用应用物联网、移动互联网、云计算等新一代信息技术，具有跨领域交叉学科性，让学生多角度地接触知识，拓宽知识面。同时在实践中将理论知识与实际运用相结合，提升学生的创新思维和实践能力。

(4) 实际带动项目

以实际出发从发电机设备人工手动启停困难、机组集中管理难、监测维修成本高等入手，以云控系统为载体，打造国内领先的发电机组安全智能管家，使人员监管设备更加方便快捷，节省各项成本，同时发电机管控方式向着智能化、数字化、准确化等方向发展。

(5) 实践方案新

改进先理论后实践的技能培养思路由各层次的具体实践实训项目引领，根据实践教学体系框架合理设置和构建实践项目。

四、成果成效

1. 学术研究成果

本工坊根据学生的自我发展制定相应的侧重点，充分尊重学生的职业发展兴趣，最大限度提高人才培养质量，学生获得国家级及市级奖项、参与横向项目以及参与学术研究分别占比37.8%、32.4%、29.7%，取得1项1+X技能证书的学生占比71.4%，具体如图3所示。

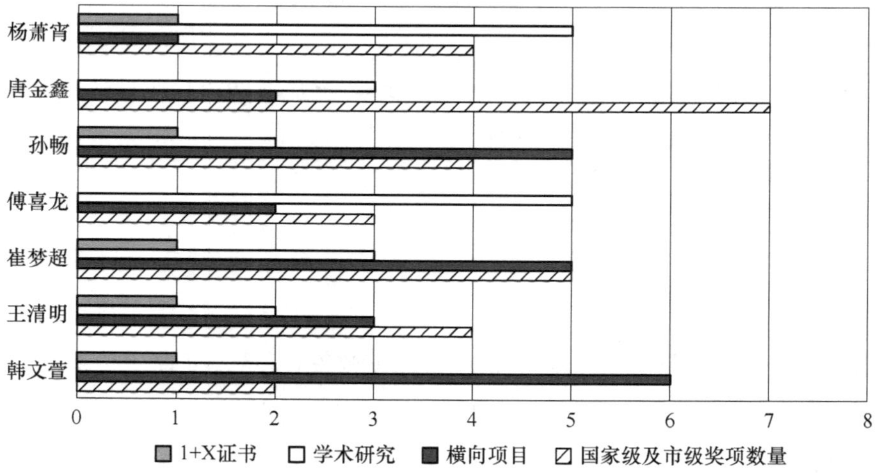

图3　工匠成员成果统计表

2. 企业项目成果

云控千里系统是与重庆泰思特科技有限公司共同研发设计，综合了应用物联网、移动互联网、云计算等新一代信息技术，搭建燃油发电机组工业互联网平台，实现了燃油发电机组的云端监控和智能化管理。目前，获得了4项行业品牌认证证书和2项国家级品牌认证证书，并成功应用于8个国家及地区，拥有7项发明专利、11项实用新型专利、5篇软件著作、1项外观专利、4篇学术论文。

在技术实践方面，工坊学生有较为丰富的社会参与度，曾与重庆铭贝科技有限公司、重庆百来码标识技术有限公司等多家企业合作，先后完成云智能辅导机器人、国家NCSS调查问卷平台、"智能+"数字孪生可视化平台等多项研究成果。

3. 毕业去向

人工智能应用技术创新工坊学生7名，专升本升学率100%覆盖。目前，5名学生本科期间备战考研，1名学生本科期间备战考公，1名学生本科毕业进入工作。

五、经验总结

1. 在实践中融入工匠精神

本工坊是以实践能力为主的人才培养模式，教师在实践相关活动中贯彻工匠精神培育，以培养学生良好的职业素养。通过企业向“工匠工坊”引进真实项目，学生动手参与并在实践中学习，学习中成长，帮助学生增强实践能力，培养学生积极的工匠素养，促进学生的职业精神。

2. 以创新精神引领工匠之风

创办基于独具创新的“多元协同、德技并修、工学结合”人才培养模式。在以人工智能背景下，打造一支具有“执着专注、精益求精、一丝不苟、追求卓越”的优秀团队。同时加强工匠精神与创新精神的融合，完善人工智能领域多主体协同育人机制，以多种形式培养多层次的人工智能领域人才。

3. 教学体系基本完善但仍存在精确化实施不足

在“项目驱动，任务导向”的教学模式过程中，发现定制化的学习虽然能让学生得到全方位的发展，但随着人员的增多，以企业真实项目带动学习难以覆盖到每一位学生，对内每位学员自我管理、学习能力和对外企业引进的项目呈现出比例失调的状态，这在其教学制度体系实施方面存在一定的延迟性。

在上一届学长学姐帮助下一届学生的循环教学方式基础上，还须新成员对自我的管理能力进行加强，以应对企业引进的项目。

六、推广应用

（1）人才培养模式及教学模式推广

采用“工匠精神＋创新精神”的人才培养模式和“项目驱动，任务导向”的教学模式带动学生进行实践，基于行动体系以工作过程的方式重构知识和技术逻辑，培养学生具有“深度知识、高超技能”的岗位工作能力。

（2）实践实训教学体系与模式推广

以教师指导为辅、学生主动体验和操作为主，形成师生互动的教学过程，对学生开展“训、习、赛、研、创”一体化实践教学培养。采用基于能力本位的开发模式，分析胜任岗位工作需要具备的职业能力，由目标驱动、任务引领、项目承载，知识和技术培养贯穿于项目实施全过程。

案例 6 “云领未来”工匠工坊“产教互通、校企合作、学赛互融、研创并举”人才培养实践

危光辉

一、项目概况

人工智能与大数据学院云计算技术应用专业为适应云计算产业的快速发展对高水平技术技能人才的需求，进一步探索创新育人体制机制，提高人才培养质量，2021 年成立了“云领未来”工匠工坊。本工匠工坊由 4 名校内和 1 名校外指导教师以及 12 名学生组成，在院校两级领导的关怀指导下，通过实战技能培训，以“产教互通、校企合作；学赛互融、研创并举 ”的工匠工坊人才培养模式，在项目申报，技能竞赛、专利申请、论文写作、职业认证、创新创业等方面取得了突出成绩。

二、具体举措

1. 产教互通、校企合作

云计算与大数据系与重庆千变科技有限公司、重庆金宝保信息技术服务有限公司、重庆隆锦科技有限公司以及重庆三千一百科技发展股份有限公司等企业建立了深度战略合作伙伴关系。“云领未来”工匠工坊从 2021 年建立以来，获得了来自企业云计算工程师的悉心指导，特别是在 2022 年长达 50 天的暑假期间，“云领未来”工匠工坊的 12 名学生全都进入到这些合作企业，深度参与了企业云计算的工程应用实践。

2. 学赛互融、研创并举

针对竞赛规程的技术进行剖析，分解出初级、中级、高级 等不同档次的技术内容，在面向全体云计算专业学生时，设计了初级、部分中级的竞赛规程技术内容进入教学计划中，而部分中级、高级内容则针对工匠工坊学生，利用课余时间进行专项集训。

在教学内容设计上，优化教学内容，以企业需求为抓手，以技能竞赛为蓝本，解决教学内容与企业需求、技能竞赛联系不够密切的问题，达成知识传授与能力培养相融、知识传授与技能竞赛相融的教学目的。

云计算与大数据系构建了对工匠工坊学生校内选拔平台、健全奖励制度，激发学生的学习兴趣，挖掘学生的学习潜力，根据各层各级技术大赛的竞赛大纲要求，强化学生的技能训练，培养学生的团队协作意识，激励学生参加各种技能大赛的训练的积极性，起到了以赛促教、以赛促学的作用。

创新创业以提升学生职业技能和综合素养为人才培养的核心目标，开辟了创新教育、

创新实践、创业孵化、双创竞赛“四位一体”的创新创业教学模式，从深度、广度和多渠道 3 个维度，探明以学赛互融为内核的创新创业能力培养手段，建设了跨学科、跨专业的“互联网＋”创新创业大赛和“挑战杯”大学生创业大赛研究小组，实现了科研成果与企业孵化的无缝相连，形成了“学赛互融、研创并举”的全方位能力培养链条，并取得了多项创新创业大赛奖项的喜人成果。

在教研科研方面，利用课外时间，由校内外指导教师主导，工匠工坊学生参与进行论文写作、课题申报、软件设计和专利设计，强化了学生的技能训练，培养了学生的团队协作意识，实现了全方位的卓越人才的培养。

三、特色亮点

“云领未来”工匠工坊是以“现代学徒制 ”为理念，以竞赛、证书、校企合作为抓手，围绕学生综合素养提升，工匠工坊设计了 “职业生涯规划 ”“职业能力提升”和“无缝对接就业” 等系列项目，培养具有工匠精神的技术技能人才。以比赛、取证、就业为导向，实现赛、证、工促学，不仅保障了就业，更促进了高质量就业。

① 工匠工坊教学团队由合作企业、教师团队和学生团队构成。合作企业在工坊中搭建真实企业工作环境，引进实体研发项目，帮助学生进行职业规划，提升实践能力，提供就业服务和就业信息支持。

② 以赛促学，参加技能大赛是对学生所学专业知识与技能的考核，工匠工坊内学生荣获相应大赛的奖项增加了行业和企业的认可度，进一步促进了学生的理论知识的学习和专业技能提升。

③ 联动企业助力就业，企业讲师以真实项目为载体，定期开设讲座指导学生，使学生掌握行业产业最新技术，熟悉企业岗位对人才的要求，促进学生专业技能提升和综合素质培养；推荐工坊学生到企业实习，不仅专业对口率高，就业质量更好。

四、成果成效

在“云领未来”工匠工坊的学生两年的培养过程中，我们通过组建校企双师合作指导组，参加一带一路暨金砖国家技能发展与技术创新“区块链技术应用”大赛（获奖 2 项），组织学生参加“互联网＋”创新创业大赛（获奖 3 项）、“挑战杯”重庆赛区（获奖 2 项）、“巴渝工匠”杯大赛（获奖 5 项），“计算机设计”大赛（获奖 1 项）；利用课余时间，在纵向课题申报（3 项）、模向课题实施（5 项）、科研教研论文撰写（发表论文 14 篇）、发明专利（12 项）、实用新型专利（2 项）、软件著作权（2 项）、考取高端认证（7 人次获证）等方面进行了全方面地深入研究、探讨、学习和培养，均取得了非常满意的成果。同时，工坊学生均以优异成绩通过期末考核，期末提交的作品不仅达到教师的要求，而且还具有一定创新性。图 1 是“云领未来”工匠工坊近两年取得的成果。

“云领未来”工匠工坊从成立至今已经两年时间，到目前为止已经取得了丰硕的成果，证明了“云领未来”工匠工坊采用的人才培养模式的得以成功践行。

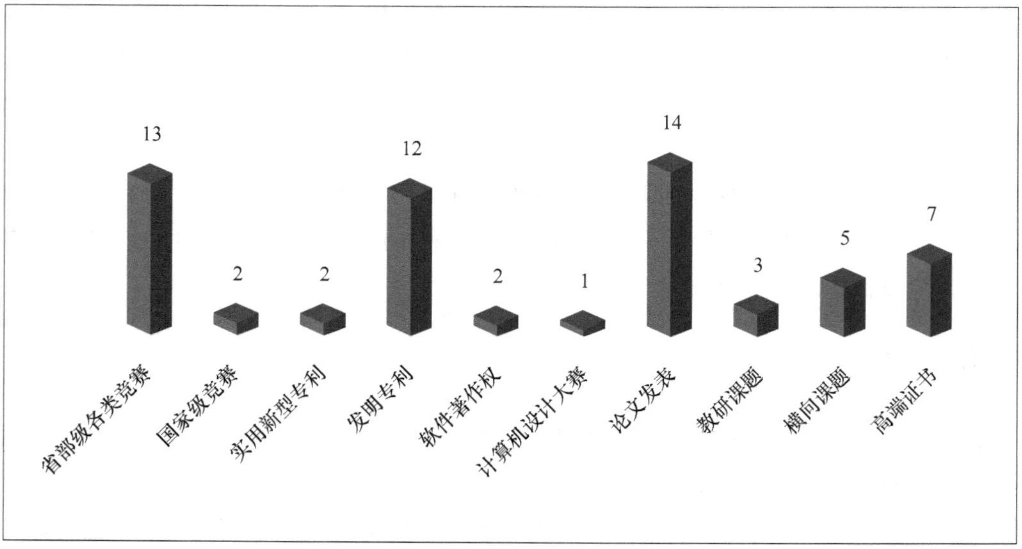

图 1　工匠工坊学生成果

五、经验总结

工匠工坊旨在以高质量的教学体系促进学生的学习进步，促进学生全面发展，提高社会竞争力，培养学生学术精神和实践能力。进入工匠工坊的学生，都是经过层层多次选拔产生的，参加省级、国家级全国职业院校技能大赛的学生大多来自工匠工坊。

由于各级大赛要求的技术技能水平很高、难度比较大，参加国赛的选手是经过校赛、省赛层层选拔之后确定的，人数比较少。所以要做好学赛融合，需要考虑受众面和全体学生的能力基础。在进行本专业课程教学时，不能全盘照搬竞赛规程所有内容简单移植到课程中，这样高难度的课程对全体学生来说是不适合的。学校设计了分层教学方式，既不影响全体学生对新知识新技能的学习和传授，也不影响对工匠工坊参赛选手“高精难 ”要求，做到两全其美。这两年工匠工坊的实施证明了这种教学培养方法是行之有效的。

六、推广应用

本案例的实施经验具有普适性，可以从以下几个方面推广到其他专业、其他年级的工匠工坊和试点班。

(1) 建立校企合作互补机制

工匠工坊学生的培养可以借助企业已有平台，建立学校、企业联合培养人才的新机制。校企合作一方面可以实现师资互补，让企业人员深度参与到工匠工坊的人才培养过程中，充分发挥学校老师和企业老师各自在理论和实践方面的优点；校企合作另一方面可以实现平台资源互补，学校可以提供基础教学环境，企业可以提供真实的工程应用环境，使学生掌握了领域前沿最新的实体项目，提升了学生的综合实践能力。

（2）以老带新机制

工匠工坊要形成梯队建设，一个工匠工坊团队应由不同年级的学生组成，采用以老带新的机制，既可培养学生的团结协作能力，还可以由老生分享其各种技能竞赛参赛经验、各种项目实践技能，最终实现工匠工坊的可持续发展。

（3）学赛融合机制

各专业的技能大赛可以代表本专业学生需要掌握的专业技能，在制定人才培养方案时，以技能竞赛为蓝本，采用学赛融合机制，使专业课与技能竞赛大纲相融，既满足本专业全体学生的教学要求，同时也为选拔工匠工坊学生、为备赛参加具有高级难度的技能大赛打下基础。

案例7　通信大数据智能应用创新工匠工坊“党建引领，多线育人”实践

郭俊杰　李　饶　文光亚　王　彬

一、项目概况

通信大数据智能应用创新工匠工坊是重庆电子科技职业大学2021级卓越技术技能人才计划建设项目，工坊以“党建引领，多线育人”模式，开展通信大数据智能应用的研发和项目实施，培养助力通信行业数字化转型和智慧产业升级的高素质技术技能型人才。工坊共有专任指导教师4名、企业专家导师3名、学员7名，经过前沿通信大数据技术培训、企业真实项目参研、行业顶级赛事参赛，工坊学员在向党组织靠拢、工程项目参研、技能竞赛获奖、高端职业认证考取、教科研项目参与、社会实践活动等多方面均成果丰硕，达成了培养德技双修的卓越技术技能人才目标。

二、具体举措

通信大数据智能应用创新工匠工坊校内教师均是教育部第二批“通工与通运党支部书记工作室”成员，按照工作室“党建业务深度融合、科研协同人才培养”理念，联合对口企业，在技能培训、大赛竞技、工程能力提升、社会服务等方面进行“多线育人”式工坊学员培养，具体举措如下。

1. 搭建工坊软硬件平台，契合企业工作场景

为给学生提供既符合当前行业企业开发、设计、运营实际，又满足“训、习、赛、研、创”一体化教学需要的学习条件，工坊建设时联合对口通信软件行业企业，按应用场景规划工坊建设方案，建设相应通信大数据工作站以及开发平台，完全模拟出一个通信智能应用的开发、测试、维护场景，并依据相应的技术技能需求，开发出符合工程操作标准和流程的教学资源包，从软硬件各方面给学员模拟企业真实工作环境。工坊软硬件平台建设见表1。

表1　工坊软硬件平台建设

	硬件环境建设	软件平台建设	教学资源建设
建设目标	配备性能强大的通信大数据深度学习服务器；提供工坊工作硬件环境	构建完整的通信数据采集、大数据处理、云服务开发、人工智能应用研发环境	构建通信大数据智能应用教学、实训、应用及创新研发的教学项目资源包

续表 1

	硬件环境建设	软件平台建设	教学资源建设
建设内容	(1) 申请专用场地，配备座椅工位，作为工坊学员的日常学习工作场所； (2) 购置 USRP 信号接收发平台和深度学习 GPU 工作站搭建通信大数据深度学习服务工作站	(1) 在深度学习 GPU 工作站搭建安装 Hadoop、Spark、Tensorflow、pyTorch、OpenGauss 等开发组件； (2) 购置华为云平台帐号，搭建云端实训环境	(1) 专业技术技能基础在线课程、理实一体教学视频、软硬件开发平台应用手册等； (2) 校企联合设计工程案例：“机器视觉智能实时远程在线抄表系统设计和开发”等项目

2. 综合测评式选拔，考核学员职业素质

选拔工坊学员是一项重要的工作环节，本工坊面向物联网应用技术和通信系统运行管理专业群，在学生完成一年的专业基础课程学习后，在专业排名前 30% 学生中，通过基础知识、技能水平和心理素质测试，优选 7 名左右学员进入工坊培养。测试不仅仅是知识的考核，也是对学生综合素质、自信心、耐力的全面评价。根据不同学员的测评结果，还可针对性地进行未来技术技能方向培养，实现个性化培养。工坊选拔职业能力测试见表 2。

表 2　工坊选拔职业能力测试

项　目	工坊选拔职业能力测试
测试目标	检测学生自信心、耐心、创造力及综合素质是否适应“工匠工坊”式人才培养的需要，是否具备大国工匠培养的基本素质
测试内容	以具有难度适中的企业项目载体，在 2 天内的时间内让参试者独立或以小组的形式完成项目的设计和实施
评价指标	(1) 自信：对新项目敢于综合运用所学知识，设计实施方案，积极寻求技术突破； (2) 综合素质：查阅资料，合理运用相关技术，设计恰当解决方案，有步骤实施项目； (3) 耐力：在较为紧张的时间及一定压力的条件下，静心开展项目研究，接受困难不放弃； (4) 团队协作：以小组形式开展的项目能够较好协作完成项目制作
考核要求	在面临较复杂的新项目设计要求的情况下，能沉着冷静地设计方案，查阅资料并与其他伙伴较好合作，提出项目可行的设计思路并按计划实施

3. 对接产业岗位技能需求，培养手段精细化

通信大数据智能应用开发是通信技术、大数据技术、人工智能技术、软件开发技术各学科知识和技术相互渗透交叉融合型领域，要求工坊学员既要有较为宽广的知识面，又要有灵活运用相关技术和知识的能力，但在高职学习阶段，难以将所有知识全面铺开传授，应有所侧重。本工坊培养的总体思路是：根据具体的应用场景和岗位技能需求，将岗位技能目标转化为专项项目进行分段实践教学，选取产业岗位需求中最核心的技能，进行项目化教学，达成培养手段精细化。精细化培养手段见图 1。

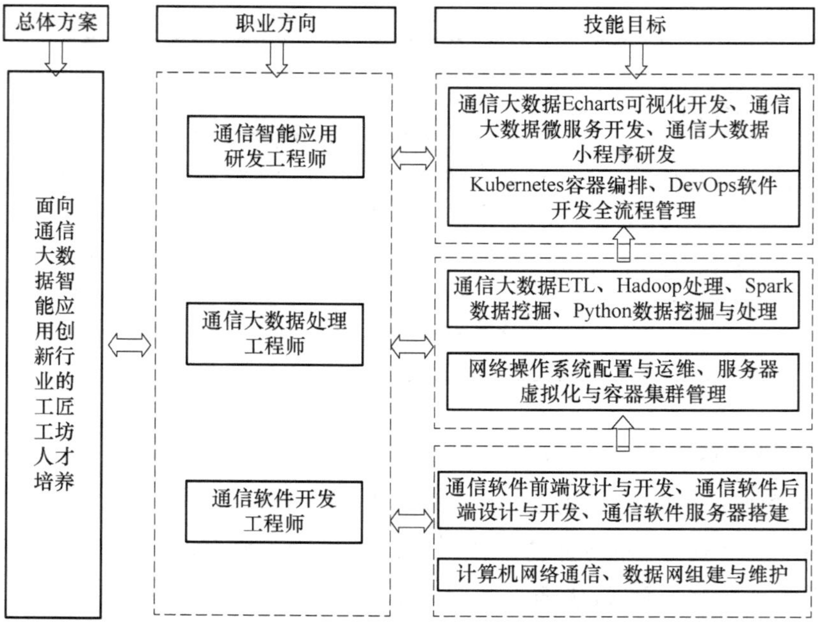

图 1　精细化培养手段

4. 对接生产设计及应用标准，培养方案个性化

工坊开展通信软件开发与集成、通信大数据处理、通信智能应用研发等项目，依据工作的特殊要求及技术的深度、难度，结合学员的知识现状和兴趣爱好，有针对性地开展目标明确的深度的技术技能培养。工坊结合学生兴趣及参与的具体项目，对接生产设计及应用标准，在操作系统部署与运维、云服务开发、大数据计算系统部署与运维、人工智能标注训练与调优等方面开展专项技能培训。通过产教融合模式，引导学生深入掌握某一领域专业知识与技术能力，以点带面达到融会贯通；在此基础上，匠师团队持续强化学生技术熟练度，开拓其创新能力，助力学生成长为行家里手，全面适应通信大数据智能应用创新的需要。

5. 对接企业工程项目，教学过程实战化

为教学训练而设计的教学项目和为解决具体工程应用而开发的项目能有效培养学生的知识和技能，但为培养学生精益求精的品格和锻炼解决复杂问题的工匠精神，则更需要企业实际工程项目的锤炼。本工坊依托教师横向项目，承接企业的开发、设计或生产项目，由工坊指导老师与企业导师共同指导学生完成并按企业标准进行生产、开发、交付过程管理和质量考核。本工坊教师均是有多年企业工作经验的双师型教师，他们联合企业导师，能妥善解决学生教学和工作过程的技术问题，培养过程不限于固定的教学时间，而是灵活分布在生产和工作项目具体过程中，这样既能提升学生的技术水平和解决实际问题的能力，同时也能培养学生的工作经验和独创性解决问题的能力。对接企业工程项目见表 3。

表 3　对接企业工程项目(已实施部分项目)

项目来源企业	学员参与的工程项目	企业导师
华为技术有限公司	基于通信数据的区域人流热力图实时分析系统设计和开发	公司资深专家
重庆彩虹桥网络技术有限公司	生态环境(水质)远程监测解决方案设计和开发	公司研发总监
云从科技集团股份有限公司	机器视觉智能实时远程在线抄表系统设计和开发	公司高层管理者

三、特色亮点

1. 依托国家级“双带头人”工作室，培育红色通信人才

依托国家级“双带头人”支部书记工作室，坚持“为党育人、为国育才”理念，将工坊学员纳入支部入党积极分子培养对象和发展对象，在工坊教师党员和企业导师党员的指引下，学员不仅收获了卓越技术技能，还成长为堪当民族复兴重任的时代新人，落实了立德树人的根本任务。

2. 带领学员参加世界级大赛，扩展学员国际视野

坚持“以赛促学，以赛促教”理念，带领学员参加华为 ICT 大赛全球赛等国家级、世界级大赛，在发挥学生技术技能的同时，引导学生和参赛外国队伍交流学习，培养成长为有新时代国际视野的大国工匠。

3. 引领学员参与社会服务，全面提升学员综合能力

工坊教师党员在落实“为群众办实事”的同时，引领学员共同参加“630 志愿服务平台”“陈桥 E 家社区教育基地”的各类社会服务，积极发挥自身专业优势，努力践行社会主义核心价值观，为社区群众解决生活中的实际问题，全面提升学员综合能力。

四、成果成效

在“党建引领，多线育人”模式的指导下，工坊人才培养成效显著。自 2021 年开设以来，工坊共招收 7 名学员，培养成果如下：在思想建设方面，7 名学员均成为入党积极分子，其中 2 名发展为预备党员，1 名已转正为中共正式党员；在学术科研方面，6 名学员参与各类纵向、横向科研课题，发表学术论文 5 篇，获得国家专利及软件著作权 5 项；在专业竞赛方面，学员累计获得华为 ICT 大赛全球奖 2 项、中国软件杯大学生软件设计大赛全国奖 12 项、全国大学生电子设计大赛省部级奖 18 项；在职业发展方面，18 人次获得高端职业认证；在社会实践方面，学员参与各类实践活动 14 场。通过系统培养，多数学员已全面掌握通信大数据智能应用工具及进阶技能，实现了德技双修的卓越技术技能人才培养目标。

五、经验总结

重庆电子科技职业大学通信大数据智能应用创新工匠工坊学员培养目前正在进行中，

在工坊学员培养过程中，“党建引领，多线育人”模式得到充分发挥，党建引领人才培养，校企协同深度融合，吸纳学校企业优秀技术能手，根据行业企业的用人要求和技术现状，设置技能培养体系和实训项目，人才培养过程与企业生产服务过程全面对接，培养质量大幅提升。学员经过工坊培养，在向党组织靠拢、工程项目参研、技能竞赛获奖、高端职业认证考取、教科研项目参与、社会实践活动等多方面成绩斐然，受到对口培养企业的高度评价。工坊学员培养目前仍在进行时，希冀未来能在学员就业深造等方面取得更佳成效，全面达成立德树人的根本目的。

六、推广应用

重庆电子科技职业大学通信大数据智能应用创新工匠工坊建设以来，积极与校内兄弟院系及校外兄弟单位沟通交流建设经验，重庆工贸职业技术学院等单位赴工坊进行实地考察与交流，“党建引领，多线育人”模式得到各单位一致肯定。未来工坊师生将进一步总结经验，创建优秀典型育人案例，并在重庆市内外各高职院校进行进一步经验推广，携手共育新时代职业教育高素质技术技能型人才。

案例8　智能云网应用创新　工匠工坊“校企共研、匠师共育”新兴技术复合型人才培养实践

王　彬　郭俊杰　黄春利　林　勇

一、项目概况

2021年5月，校企联合成立智能云网应用创新工匠工坊，工坊研制融通课程体系，实施协作式动态自组织学习，加强对学生职业生涯规划和专业技术指导，经过3年的培养，工坊全部学员升入本科继续学习(升学率100%)，全部考取行业高级工程师证书(高端证书考取100%，HCIE认证2人)，培养市级优秀毕业生和市级普通高校创新能力提升先进个人各1人，有效提升了新兴技术复合型人才培养质量。

二、具体举措

1. 调研新兴行业需求，校企联合研制融通课程体系

立足产教融合，工坊深入华为技术有限公司、重庆川仪自动化有限公司等企业调研，依托智能云网行业的核心工作环节，校企双导师共同设计培养计划，结合相关专业人才培养方案，制定工坊讲授与日常教学融通、专业能力与综合能力融通的智能云网核心课程体系，三个层面递进体系实现常规培养与工坊培养的有效衔接。通过融通课程体系，学员能够充分利用课外时间在专业课的基础上，进行课后的专业实践和有效的自我提升，为成为高层次技术技能人才打下坚实基础。

2. 创新学习组织方式，匠师协同共育复合型人才

立足能力本位，工坊按照重点技术领域，创新设置技术学习小组，如技能竞赛组、技术研发组、高端认证组等，重塑小组式教学组织方式，形成共同学习、共同进步的氛围。根据导师擅长领域，为每个小组配备校企双导师，带领学生参与智能云网应用项目研发和技能比赛。设置工坊导师助理1人，协助工坊导师开展组会组织、沟通协调、资料汇总等工作；每个学习小组配备1位导师、设置组长1人，导师负责协调组内学习规划、管理学员等工作，组长负责组内学员督促学习、汇总问题等任务。工坊鼓励学员加入多个小组，每个学员须根据实际情况加入2个或3个学习小组，也可根据实际情况加入或退出小组，实现协作式、一体化动态自组织学习形式，提升自我管理和交叉复合能力。

3. 健全工坊实施制度，加强校院项目管理规范化

立足评价导向，在学校与学院的支持下，工坊制定学员遴选办法、导师聘任制度、激励奖励办法等工坊管理细则，明确导师、学员和日常管理的责任与要求，定期召开研讨会，同

学员沟通交流释疑。制定基础能力、专业能力、综合能力三个层级递进学习路线，鼓励学员参与学校学院技术社团相关工作，提升专业能力、工程实践能力和综合职业素养。

三、特色亮点

1. 课程体系融通，促进技术创新能力有效衔接

工坊结合学员所在专业的人才培养方案与课程体系，融入智能云网最新技术，校企联合制定与日常教学融通、专业能力与综合创新能力融通的核心课程体系及项目实践。通过融通课程体系，学员能够充分利用课外时间在专业课的基础上，进行课后的专业实践和有效的自我提升，分层次递进实现学校日常培养与工坊课外培养的有效衔接。

2. 学习组织灵活，增强交叉复合能力培养

工坊通过设置多个技术学习小组，为每个小组配备校企双导师。明确要求每个学员根据特长和兴趣加入多个技术学习小组，实现协作式、一体化动态自组织学习形式，重塑工坊小组式教学组织方式。激发学员潜能，同时提升学员自我管理和交叉复合能力。

四、成果成效

1. 专业技术技能突出

工坊学员参加技能竞赛获得国际级二等奖 1 项，国家级一等奖 1 项、国家级二等奖 2 项，省部级一等奖 6 项、二等奖 3 项、三等奖 3 项。工坊学员全部考取华为 HCNP 及以上高级工程师证书，高端证书考取率 100%；华为 HCIE 专家认证 2 人、HCIP 专家认证 8 人次和 1+X 中级认证 6 人次。

2. 科研创新能力不断提升

工坊学员参加创新创业比赛获得省部级金奖 1 项、银奖 3 项、铜奖 1 项，参与横/纵科研项目 6 项，申请和授权相关实用新型专利 5 项，发表技术类文章 6 篇。

3. 可持续发展能力显著增强

工坊学员全面落实“为党育人、为国育才”要求，不少学员成为教师党员所在组织入党积极分子、发展对象，不仅收获了卓越技术技能，还成长为堪当民族复兴重任的时代新人，罗永棋、杨敏 2 名学员被发展为预备党员。工坊全部学员升入本科继续学习，升学率 100%；工坊培养市级优秀毕业生和市级普通高校创新能力提升先进个人各 1 人。

五、经验总结

工坊立足信息通信行业发展变化，校企研制学校日常培养和工坊课外培养的融通核心技术课程体系和项目实践，合理设置多个技术学习小组，配备懂技术、会管理的校企双导师，实施协作式动态自组织工坊学习形式，培养掌握智能 IP 网络、5G 承载网网络切片等技

术知识，具备编制智能云网数字化行业解决方案的应用能力和软件开发实践能力的复合型人才。通过校院的科学推进和管理，制定学员遴选办法、工坊管理细则等，明确导师、学员和日常管理的责任与要求，推动扎实开展相关工作，促进学员对新兴技术的掌握和综合素质的培养。在实施过程中，发现对大部分学生的工程实践和总结能力不够，未来加强引入行业最新的技术研发项目，进一步提高学生参与科研项目和论文总结的能力。

六、推广应用

由于新一代信息技术发展日新月异，需要及时引入前沿技术来满足行业最新需求，可以更体系化地培养学生对新兴技术的掌握，参与相关工程实践项目，提升学生的工程实践能力和交叉复合能力。本工匠工坊培养模式适用于电子信息大类的相关专业工坊培养，着重体现对新兴技术能工巧匠培养。特别要注意的是，工坊需要健全学员遴选办法、导师聘任制度，注重选拔优秀学员和合理配备导师，才能更好地开展学员培养和促进工坊建设。

案例9　车身维修技术工匠工坊“五融双线”人才培养实践

向丽君

一、项目概况

汽车车身维修技术工匠工坊成立于2018年，每期培养学员15名。工坊旨在培养综合素质高、专业技能强、具有创新精神和工匠精神的车身维修高技术技能人才，不断促进教师教学创新，不断提升学校的社会贡献度和行业影响力，逐步形成具有“重电”特色的五融双线人才培养新模式。

二、主要做法

① 大师掌舵。工匠工坊具有业内一流的师资水平，掌舵大师为本领域的翘楚。工匠工坊负责人朱游兵是巴渝工匠杯首届车身修复赛项冠军、重庆市五一劳动奖章获得者。来自企业的工匠工坊导师黄忠露，曾因在长安汽车渝北工厂焊装工作突出，被授予重庆市劳动模范称号，挂牌市级“黄忠露大师工作室”。

② 师资环境有保障。智能制造与汽车学院经过多年的积累，在车身修复领域具有完善的教学条件。我校2017年获评为第45届世界技能大赛车身修理项目重庆集训基地，拥有世赛相关设备40套，各类检测训练辅助设备20套、体能训练设备30套，已建成集车身修理训练、饮食、住宿及体能训练等功能齐全的车身修理集训基地。

三、特色亮点

平台引领，培养模式显特色

工匠工坊在院校两级考核体系下以导师负责制运营。围绕学生学习需求，对标企业岗位需求，以比赛为引擎，以服务社会为宗旨，依托世界技能大赛车身修理重庆集训基地和校企深度融合的长安汽车大学智能制造工程学院两个平台，以多项项目为载体，融合岗课赛证服五要素，专业育人与思政育人并举，培养德智体美劳全面发展的高技术技能人才。五融双线育人模式见图1。

以世界技能大赛车身修理重庆集训基地等平台为依托，工匠工坊结合创新创业项目、现代学徒制项目、协同创新中心项目、双基地项目、深度校企合作项目、大师工作室项目、技能大赛集训项目、文艺体育项目等各类项目载体，根据学生特点编制个性化人才培养方案，指导不同需求的学生成长。

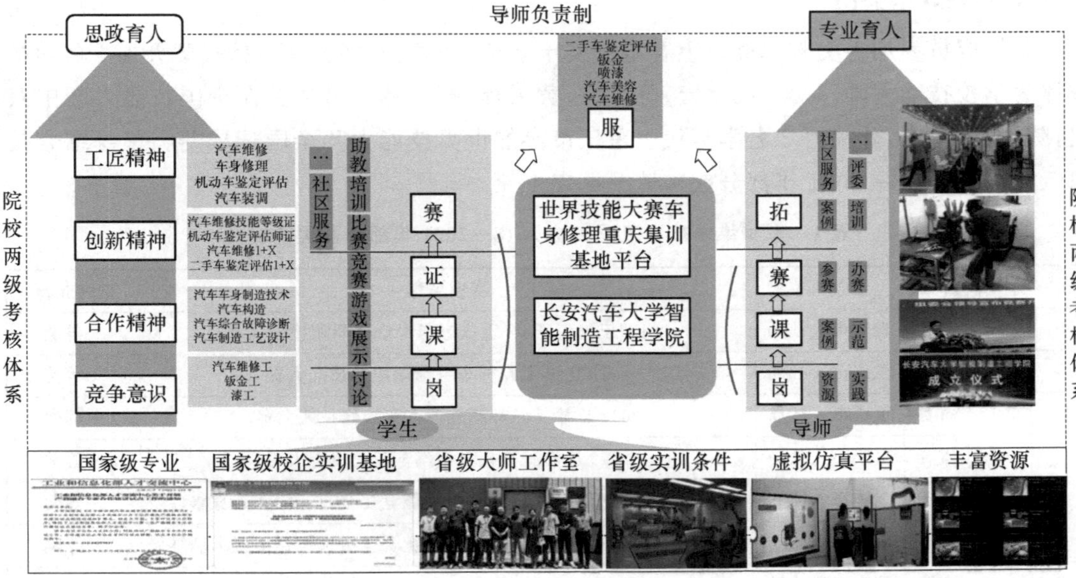

图 1　五融双线育人模式

深度产教融合。学院与长安汽车股份有限公司深度产教融合，共建的“长安汽车大学智能制造工程学院”，并形成国家级生产性实训基地、国家级高技能人才培训基地。现有欧尚汽车技术、新能源汽车技术、凯程汽车技术及汽车技术服务大师工作站等职业技能培训基地，联合开发长安新能源汽车维修技师培训认证标准。工匠工坊师生深度参与长安的产教融合项目，共享来自长安集团、长安主流配套厂商及“黄忠露大师工作室”等顶尖的人才培养资源。

按照人才培养方案，分阶段实施，经过校院两级考核，实现全过程的管理和控制。工匠工坊建立学生职业规划体系，结合车身维修相关岗位人才需求能力标准，分析评价学生专业维修能力，为学生职业生涯规划和发展提供指导，助力学生职业成长。依托学校卓越技术技能人才培养计划，搭建学生车身修理专项能力培养平台，融合岗课赛证服，以赛为引擎，以服为宗旨，服务学生多通道成长。重视学生专业发展和思想培养，强化学生工匠精神、创新精神、竞争意识和合作意识，让学生能够成为一名德技并修的高端车身修理人才。

四、成果成效

1. 学生技能普遍提升

经过三年的专业培养，工匠工坊学员技术技能水平得到普遍提升。工匠工坊所有成员均取得汽车维修工高级证书、1＋X 技能证书、中德 SGAVE 专项证书。学生参与科研工作并获得国家授权专利5项，4名学员通过努力专升本到本科院校继续深造。

2. 竞赛成果突出

工坊成员参加各类省部级以上赛事获奖十余项，陈涛、冯德宏、陈福海、黄天福4名学员被评为学校技能大师，陈涛、冯德宏、陈福海、黄天福、靳伟林5名学员在全国技能大赛中获奖，陈涛、冯德宏、陈福海3名学员代表重庆市参加世界技能大赛全国选拔赛。车身维修技术工匠工坊2018—2021年部分获奖情况见表1。

表1　车身维修技术工匠工坊2018—2021年部分获奖情况

序号	年份	级别	主办单位	赛项名称	获奖情况
1	2018	省赛	重庆市人社局	2018“巴渝工匠”杯重庆市车身修理职业技能大赛	一等奖
2	2019	省赛	重庆市人社局	2019巴渝工匠杯车身修理职业技能大赛	一等奖
3	2019	省赛	重庆市人社局	2019巴渝工匠杯新能源汽车维修技能大赛	一等奖
4	2019	省赛	重庆市人社局	2019巴渝工匠杯重型汽车职业技能大赛	一等奖
5	2020	省赛	重庆市人社局	2020“巴渝工匠”杯第46届世界技能竞赛全市选拔赛车身修理	一等奖
6	2020	省赛	重庆市人社局	2020“巴渝工匠”杯第46届世界技能竞赛全市选拔赛重型车辆维修	一等奖
7	2020	省赛	重庆市人社局	2020“巴渝工匠”杯重庆市第二届车身修理技能竞赛	一等奖
8	2020	省赛	重庆市人社局	2020“巴渝工匠”杯重庆市第三届新能源汽车维修技能竞赛	一等奖
9	2020	省赛	重庆市人社局	2020“巴渝工匠”杯重庆市首届重型车辆维修技能竞赛	一等奖
10	2021	省赛	重庆市人社局	2021“巴渝工匠”杯重庆市第三届车身修理技能竞赛	一等奖
11	2021	省赛	重庆市人社局	2021“巴渝工匠”杯重庆市第四届新能源汽车维修技能竞赛	二等奖

3. 标志性成果取得突破

培育出我校第一个学生“全国技术能手”。学员陈涛经过多年培育，历经校“卓越技术技能人才”、长安欧尚星级技师认证资格，2021年代表重庆参加第十四届振兴杯汽车装调工获全国第三名，同时被授予“全国技术能手称号”，毕业即破格聘为达州职业技术学院副教授，获达州市英才卡，并享受人才特殊待遇。

教学相长，两年以后，教师获得“全国技术能手称号”。导师朱游兵在2022全国汽车流通行业协会机动车鉴定评估师行业赛总决赛中荣获一等奖，获授“全国技术能手”。

五、经验总结

工坊团队师生受聘各级各类技能大赛专家裁判，并被邀请在全国各类会议进行了多次成果分享。导师朱游兵多次被邀请在全国车身修复等相关竞赛中担任专家或执裁。学员陈涛、冯德宏等也日渐成熟，在巴渝工匠杯、巴蜀工匠杯及全国车身修复等相关竞赛中执裁。

六、推广应用

工匠工坊师生积极参与社会培训，扩大职教影响力。协助长安汽车大学智能制造工程学院积累团队建设、学生培养、员工培训及社会服务等成功经验，在重要会议做经验分享 20 余场次，为企业解决 20 余项生产中的疑难问题，累计完成 3 000 人次的社会技术技能培训，产生经济效益 500 余万元。

参与建设的典型案例影响广泛。目前，团队参与的项目“长安汽车校企实训基地”被教育部认定为国家级生产性实训基地，“长安汽车大学智能制造工程学院”被中国高等教育学会认定为“校企合作 双百计划”联合办学典型案例，校企合作模式也被央视《新闻联播》报道，其运营机制制定、创新模式、建设成果等在全国职业院校规范推广借鉴。

工匠工坊将砥砺奋发、勇毅前行，进一步完善五融双线育人培养体系，深化“工匠精神”融入育人全过程，贯彻落实我校“4＋3＋N”全员全过程全方位育人体系，努力提升师生专业技能水平，持续打造重庆车身维修技术技能竞赛基地新高地，努力为社会和企业输送更多高素质高水平车身维修技术技能人才，为区域经济改革发展不断作出贡献。

案例 10　协作机器人智能物流场景应用工匠工坊“三链衔接 三阶递进 三轴驱动”人才培养实践

李智博　苗银家　杨　雪

一、项目概况

科技发展和社会进步对技术技能型人才提出了新的更高要求，项目以协作机器人智能物流场景应用的任务为驱动，围绕项目学生的基础、能力、素养三大核心培养要点，提出先以课程链、师资链、教材链三链衔接夯实基础，再以实验阶、实训阶、实习阶三阶递进增强能力，之后以科研轴、竞赛轴、交流轴三轴驱动提升素养的新时代技术技能型人才培养模式。

二、具体举措

（一）实施思路

基于协作机器人的应用特点，结合专业人才培养方案和师资团队实际情况，实施有项目特色的技术技能型人才培养模式。首先，课程链、师资链、教材链三链衔接，夯实学生的思政和知识基础；其次，实验阶、实训阶、实习阶三阶递进，增强专业综合能力；再次，科研轴、竞赛轴、交流轴三轴驱动，提升核心素养；最终，培养出理想信念坚定、专业知识扎实、创新思维活跃、实践经验丰富的新时代技术技能型人才。“三链衔接—三阶递进—三轴驱动”的新时代技术技能型人才培养模式见图 1。

（二）主要做法

1. “课程—师资—教材”三链衔接，夯实基础

技术技能型人才的培养离不开循序渐进、全面系统的培养机制。通过打造“课程—师资—教材”三链衔接的培养机制，强化思想引领，夯实专业基础，是当前学生培养首要研究的课题。本项目围绕时代特点和产业需求制定培养方案，根据培养方案打造课程链；围绕精品课程构建师资团队，打造师资链；坚持教师参与教材编撰，铸就教材链；根据教材优化课程内容，反馈师资链。最终实现“课程—师资—教材”三链衔接。

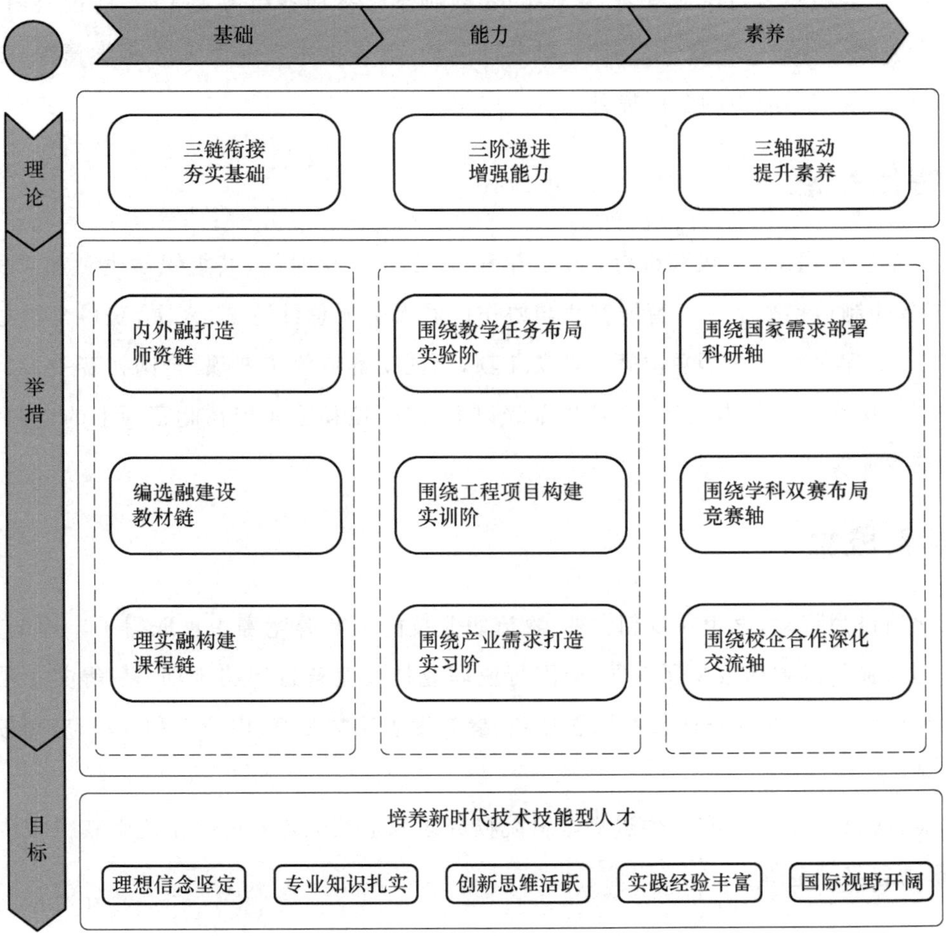

图 1　“三链衔接—三阶递进—三轴驱动”的新时代技术技能型人才培养模式

2. “实验—实训—实习”三阶递进，增强能力

技术技能型人才首先要做到能力突出，这意味着除了扎实的理论基础，学生的工程实践能力也需过硬。实践教育是高校工科专业教育的战略要地。本项目以协作机器人视觉、物流机器人运行与维护等课程基础实验室为实验中心，以协作机器人物流应用场景研发中心为实训中心，以“财经管理学院-达明机器人有限公司”等校企联合实践基地为实习中心，围绕实验内容深化实训，围绕实训内容拓展实习，围绕实习内容丰富实验，形成“实验—实训—实习”不断深化三阶递进的实践全闭环，使学生充分将理论应用到实际，全面增强学生的专业综合能力。

3. “科研—竞赛—交流”三轴驱动，提升素养

技术技能型人才同样要做到视野开阔，这需要学校为学生提供人文素养提升机会和交流平台，培养学生聚焦技术前沿的本领。本项目以提高新时代技术技能型人才核心素养为

目标，引导学生积极参与论文发表、专利申请，鼓励学生参加各级各类大赛，建设科研轴、竞赛轴和交流轴，“科研—竞赛—交流”三轴共同驱动，促进技术技能型人才科学精神、创新意识、担当意识及沟通能力的全面提升。

三、特色亮点

基于本项目组织、选拔和训练，2021 年和 2022 年两年时间，共组织学生参加“西门子杯”中国智能制造挑战赛——智能产线与协作机器人赛项总计达 27 人次，获得全国总决赛特等奖 1 项(第一名)，全国总决赛一等奖 1 项，全国初赛特等奖 3 项，全国初赛一、二、三等奖 7 项，在该赛项上获得共计 12 项省部级以上奖项，填补了我校在此赛项上的空白，丰富了学生的专业实践。

四、成果成效

以此项目为带动，学生在双创大赛、物流职业技能大赛等竞赛中也取得了丰厚的成果，其中双创大赛取得省部级奖项 5 项，全国行业职业技能竞赛特等奖 1 项、一等奖 1 项。在学生参与科研方面，学生参研校级课题 2 项、参与发表论文 3 篇、申请专利 3 项、获得软件著作权 3 项。

目前，19 级毕业生中有 3 位进入本科院校继续深造，20 级十几位在校生获得校内奖学金、国家励志奖学金等。

五、总结推广

人才培养需要通盘考虑培养全过程，从教师团队构建，课程、教材设计，实验、实习方案设计等多方面综合考虑，创新培养条件、培养理念和培养机制，最终培养理想信念坚定、专业知识扎实、创新思维活跃、实践经验丰富、国际视野开阔的新时代技术技能型人才。

在 2023 的西门子竞赛中，项目基地成为西南地区协作机器人赛项培训中心，目前已经接待了四川大学、电子科技大学、重庆城市管理职业学院等本专科师生的交流学习，获得了到访院校的认可和赞誉。

案例 11　工程场景数字化工匠工坊人才培养路径探索

吴胜磊

一、项目概况

工程场景数字化工匠工坊成立于 2023 年，项目围绕智能制造和自动化生产的“两化融合”，落实新工科建设与跨学科综合能力培养，为学生打造工程实践与专业交叉融合的创新平台。以智能产品设计、装备制造为内容，主要以比赛凝练的项目为载体，使学生掌握数字化、智能化的“智慧生产”关键技术。

项目始终坚持“以赛促教，以赛促学，赛学一体”，学生通过多轮的项目培养，能够完成从项目设计到实现的全过程，并将项目转化为论文和专利等成果，最终得到全方位的锻炼和提升。在 2023 年度建设周期中，教师团队荣获“全国技术能手”、全国职业院校教学能力比赛一等奖、“重庆市青年岗位能手”等荣誉；学生团队获国家级竞赛奖励 8 项、省部级竞赛奖励 30 余项，申请 2 项发明专利、10 项实用新型专利，获得各类奖助学金和先进个人。

二、具体举措

1. 人才选拔和定位

本项目主要面向学院自动化、汽车、智能制造类专业对先进制造业、智能产品设计有浓厚兴趣的学生。团队学生的普遍优势在于学习刻苦，肯钻研，有较强的动手能力，有创新精神。学生基本掌握电工电子技术、C 语言程序设计、单片机应用等课程，这些课程内容是学生参与项目的基础。

通过学院各种渠道宣传工匠工坊的培养内容和成长路径，以个人自荐、老师推荐、社团挖掘等方式，确定满足基本要求的学生名单；组织团队指导教师对报名学生的基本知识、实操能力、个人规划、竞赛潜力等方面进行考核，根据考核情况确定进入工匠工坊的学生名单，并且根据学生的兴趣爱好和个人特点进行全方位的评估和定位，确定学生培养方向如学科竞赛向、创新创业向、职业技能向等方向，制定对应的培养计划。

2. “项目制”培养路径

“项目制”培养路径见图 1。

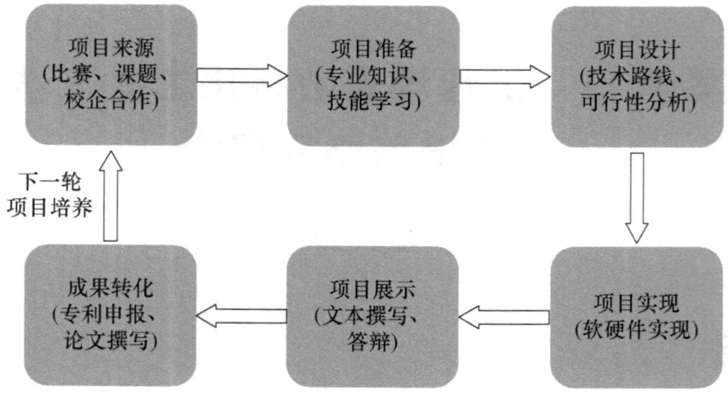

图1　“项目制”培养路径

“项目制”工匠工坊中的“项目”主要以专业比赛中的项目为载体，也有部分来源于教师团队的课题或校企合作项目。目前专业相关比赛题目都来源于实际生活或生产需要，与实际项目开发相近。以电子设计竞赛为例，要求通过单片机学习及应用设计，自主研制出智能生活、智慧农业、仿生机械等领域的、具有实际应用价值的电子产品。因此，依托比赛项目，可以锻炼学生实作创新能力与应用开发能力。完整的“项目制”培养周期如下。

（1）项目准备

在项目准备阶段，学生应以专业知识学习为主，以专业课程为基础，立足于课程但要高于课程，深入学习目前业界常用的开发手段，与行业接轨。此阶段应以教师为主，为学生的基础学习保驾护航。

（2）项目设计

根据比赛限定的题目范围，由学生通过查阅资料、集中讨论，自行提出项目概念设想，对项目的研究内容和技术路线进行可行性分析。项目设计全过程由学生主导，教师仅提出意见和建议，把控项目的正确方向。该阶段的重点在于要给学生足够的自由度和话语权，充分发挥学生的创新能力和创新思维。学生自主开发产品见图2。

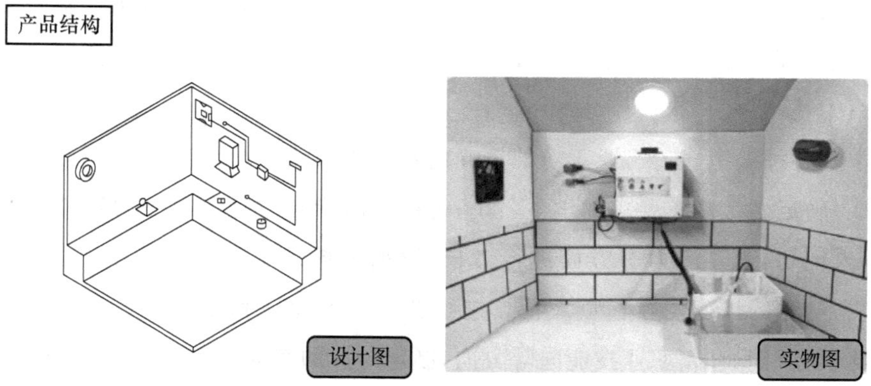

图2　学生自主开发产品图

（3）项目实现

在验证项目的可行后，学生通过前期的学习已经具备初步开发项目的能力，在此阶段学生须自行完成产品的结构设计、硬件设计、程序实现、设备调试等多个环节。在各环节中仍然由学生起到主导作用，教师提供技术支持和物资保障。学生在软硬件实现的过程中一方面对专业课程进行加深学习，同时也提高了操作实践能力，掌握了和行业接轨的技术技能，在成为高技能人才的道路上迈出了坚实地一步。图 3 为学生自主开发产品流程设计图。

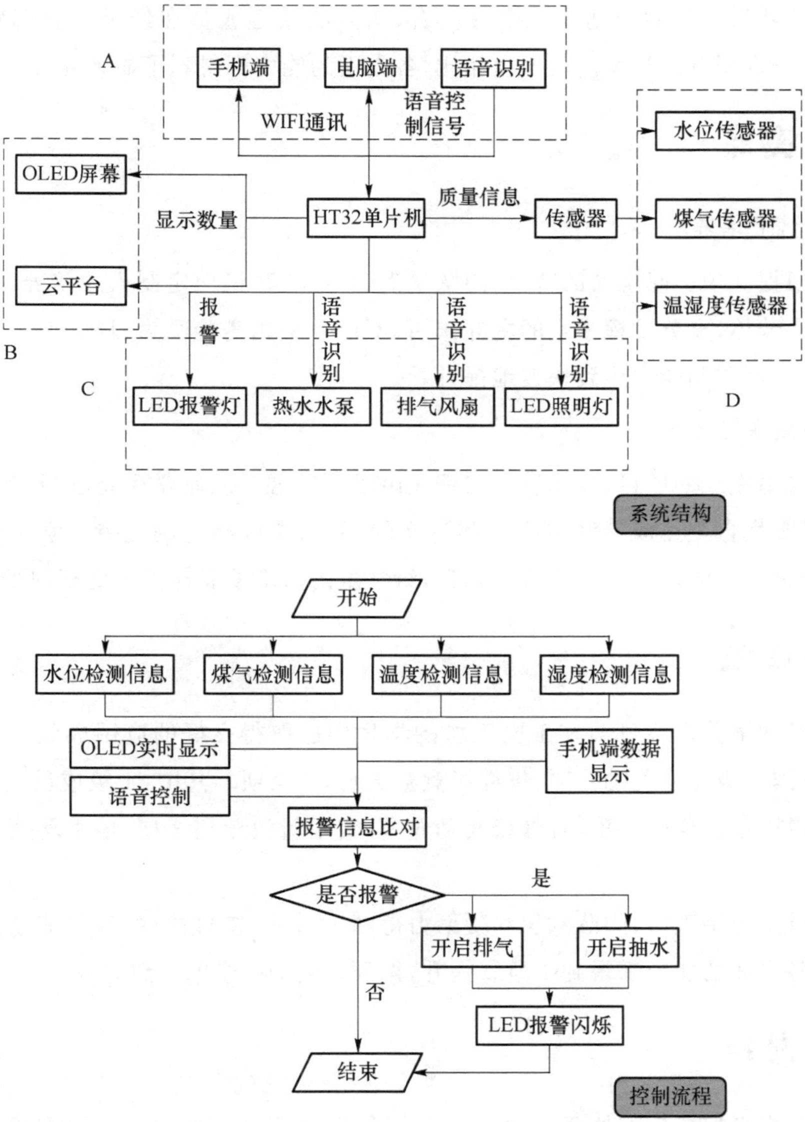

图 3　学生自主开发产品流程设计图

（4）项目展示

学生不仅需要掌握项目开发的能力，如何将产品展示出来更为关键。在此阶段学生需要不断打磨项目文本和演示文稿的制作，并且通过多轮的模拟答辩、现场答辩锻炼学生的表达能力和反应能力。

3. 项目成果转化

比赛完成并不是“项目制”的终点，学生通过比赛能够收获荣誉奖项，提升了专业方面的能力，但是项目产品由学生自主设计完成，因此还具备进一步转化的能力。在结束比赛后，支持学生将所设计的产品申请实用新型专利、外观专利等，极大地提高了学生的知识产权保护意识，学生具备了一定的科研能力，也拥有足够的收获感和成就感。

通常一轮项目开发的周期在三个月左右，团队的核心成员在经历三至四轮项目培养后，可以明显发现团队成员与同级学生相比，各方面的能力都得到了显著提升。

三、特色亮点

1. “项目制”培养

本项目根据立项工匠工坊的特色、团队学生的专业、知识面定制人才培养路径，主要以比赛项目作为载体，充分发挥学生的主导作用，不以单个比赛奖励为目标，而是通过多轮的项目历练，个人素质和能力得到快速地提升。

2. 成果凝练与转化

由学生自主完成的项目，其知识产权理应由学生掌握。鼓励学生将项目产品向专利进行转化，指导学生自主完成专利申报书和论文的撰写，予以相应的支持。学生不仅保护了自己的知识产权，并激发了学生的科研兴趣，给学生的未来发展提供了更多的可能性。

四、成果成效

“项目制”的培养模式目前在工匠工坊的学生中已取得良好的应用成效。自工坊成立以来，已取得国家级竞赛奖励 8 项、省部级竞赛奖励 30 余项。其中 21 级成员经多轮项目培养后人均获得国家级奖励 3 项、省部级奖励 6 项，实用新型专利 3 项，学生均获得各类奖助学金。

学生经过工坊培养后，团队意识和凝聚力得到了增强，在自律性、专业成绩、文本写作、现场表达等各方面的能力都得到了显著提升，得到了老师同学的一致好评。

五、经验总结

本项目取得良好成效的原因一是充分发挥学生在项目开发中的主导作用。始终坚持以学生为主、教师为辅，只有提高学生的参与程度，学生的各项能力才能得到大幅度地提高。学生通过完成各类项目，比较贴近在实际生产中的项目开发流程，提前让学生掌握项目开发的方法，培养开发设计能力。

目前“项目制”的培养路径主要面向学科竞赛和创新创业竞赛这类易于凝练开发项目

的比赛，而职业技能竞赛主要考察技能的掌握熟练度，侧重点不同。下一步可以探索如何将学科、创新创业竞赛和技能竞赛相结合，能够更加全面地对学生各项能力进行培养。

六、推广应用

本案例适用于卓越技术技能人才计划或其他以培养学生为主的人才项目，能够给以竞赛为主的团队提供一定的参考作用。因为专业不同、学科不同，在具体的培养内容和参赛的性质上会有差别，但整体的培养路径是具备可移植性的。

同时本案例更适用于工匠工坊这类“小精尖”的人才培养工作室，即围绕核心成员集中团队资源进行全方位打造。在培养之初要根据学生的兴趣爱好和特点明确培养的方向，培养过程中可以动态调整但应始终坚持以学生为实施项目的主导。

案例12　建筑工程识图“匠心筑梦”工匠工坊人才培养实践

廖艳　付静　张莹心　王甜　秦文涛

一、项目概况

建筑工程识图“匠心筑梦”工匠工坊选拔了2019级工程造价专业学生加入，以重庆市巴渝工匠杯和全国职业院校技能大赛“建筑工程识图”赛项为依托，以重庆市“十三五”教育规划重点课题“基于三螺旋理论的高职技能竞赛核心能力培养路径研究”为助力，旨在强化学生建筑工程识图核心专业技能，提升学生的专业性、实践性、创新性，探索创新人才培养与管理模式，着力培养在工程建设全过程造价咨询、项目管理、BIM等领域具有高素质、高技能、工匠精神的高端技能型人才。

二、具体举措

1. 明确工匠工坊培养、管理、激励制度

建筑工程识图工匠工坊确立了自愿申请、公平竞争、公开选拔、择优录取、合理退出、适时分流、适量增补的选拔管理机制。从2020年4月到2021年3月，先后对2018级、2019级工程造价专业学生进行了3轮选拔，增补工坊学院；对成绩优异的工坊同学推荐参加重庆市巴渝工匠杯高职院校学生技能竞赛“建筑工程识图”赛项竞赛。召开了工匠工坊交流会，由18级工匠工坊的优秀学员向19级同学分享学习与工作经验。

2. 稳步推进1+X证书课证融通

工匠工坊组织教师成功申报1+X建筑工程识图证书试点单位和考核站点，积极参加1+X建筑工程识图技能等级证书师资培训、考评员培训等工作，同时利用周末对工匠工坊学生进行高效的识图与绘图集训，积极组织学生参加1+X建筑工程识图技能等级证书考核，拓宽了建筑与材料学院的多维度人才培养途径，提高了学生的技能水平。

3. 建筑工程识图核心技能训练

以工匠工坊为载体，对建筑工程识图核心知识与建筑施工图绘制能力进行强化训练，训练内容主要包括建筑专业和结构专业的识图与绘图。引入项目式教学模式，分解识图任务，组建团队，创建竞争与协作机制。训练时，利用老带新进行任务分配与检查，由18级同学带领19级同学进行项目式分组训练。同时，由校内指导老师带领工匠工坊同学进入工地参观学习建筑结构构造，提升对建筑工程识图的综合应用能力。通过建筑工程识图核心技

能的训练，提高学生自主学习能力与动手实践能力，逐步培养学生精益求精的工匠精神，引领示范。

4. 竞赛与课题研究相互融合，共同推进

工匠工坊指导教师积极带领学生参与重庆市“十三五”教育规划重点课题“基于三螺旋理论的高职技能竞赛核心能力培养路径研究”研究，同时积极申报了“一种基于 BIM 的工程造价现场施工辅助装置”发明专利。将工匠工坊的培养模式与工程造价数字化卓越人才培养模式有机融合，成功立项校级教学成果奖培育项目，2021 年获得校级教学成果奖特等奖。

5. 企业实战训练

工匠工坊经过一年的培养与训练，将工匠工坊学生引入到企业中，由企业和校内指导老师共同带领学生完成造价、BIM 建模与应用等项目，通过对项目的造价算量与计价、BIM 建模等实操，让学生能适应实际工程项目的复杂性、图纸量大、结构复杂等特点，使学生能快速熟悉图纸并能利用相关的建筑、结构、机电等各专业图纸进行查找项目信息。利用企业项目进行实战训练，提升学生对图纸的识读能力及专业应用能力，进一步夯实学生的建筑工程识图的功底。

三、特色亮点

建筑工程识图“匠心筑梦”工匠工坊形成了层级递进的建筑工程识图技能竞赛核心能力培养路径，满足了智能建造产业链对复合型技术技能人才的需求，形成了建筑业转型升级的特色人才培养特色，通过工匠工坊的培养学生职业能力强，岗位适应周期短，获得了用人企业的高度肯定。

四、成果成效

1. 校企联动课证融通，扎实推进 1＋X 证书试点工作

将工程造价专业课程设置进行优化更新，将 1＋X 证书培训内容有机融入专业人才培养方案中。同时，积极与培训评价组织企业进行沟通对接，派遣教师到企业和其他兄弟院校进行观摩、学习与培训，确保稳步对接融通 1＋X 证书试点工作。通过 1＋X 证书课证融通阶段的强化训练，夯实了工程造价学生的建筑工程识图专业技能水平，也使专业教师课证融通理实一体化的教学水平得到提高。目前，工匠工坊成员参加 1＋X 建筑工程识图技能等级证书考试，获得中级证书，通过率达到了 100％。

2. “卓越技术技能人才”计划有效实施，人才质量显著提高

利用工匠工坊精准对接 1＋X 证书试点工作，在强化学生建筑工程识图专业技能的基础上，集训学生参加识图、BIM、造价相关的各种学科及专业竞赛，同时与企业联合定制领航特训营，组织学生进入 BIM 产学研基地、造价工作室，推荐学生进入企业实战，通过这些专业技能强化训练与实践应用能力提升相协调的实践教学平台，实现了专业知识的综合运用，达到了学生精实践、创新优的目标。

五、经验总结

在新时代职业教育高速发展背景下，在培育学生具备技能竞赛核心能力的路径中，应将技能竞赛标准对标职业岗位标准，充分地推动1+X证书与土建类专业的有机融通，探索产教协同育人，将推动技能大赛训练路径与人才培养有机衔接，才能为行业转型升级培养更多适用行业需求的技能型、实践型、创新型高素质技术技能人才。

六、推广应用

本案例在1+X建筑工程识图证书全国师资培训、贵州省省培项目1+X建筑工程识图师资培训等国内学术培训研讨会、国培、市培等培训中推广10余次，覆盖上百所高校。成果受到全国各企业、高校的高度赞赏与肯定，在重庆职业教育领域产生了较大社会影响力。

案例13　智能电子产品设计工坊工匠“学长助学”人才培养实践

蔡运富

一、实施背景

智能电子产品设计工坊2018年成立，是我校首批成立的工匠工坊。智能电子产品设计工匠工坊以项目制为基础，按照现代学徒制的方式由指导老师一对一地对学员进行指导和培养，将智能电子产品设计过程中的电路设计、嵌入式软件编程、焊接调试等重要技能毫无保留地传授给学员。通过工匠工坊全体师生的努力，自2019年3月参加蓝桥杯开始，学员们在各个比赛项目中披荆斩棘、屡创佳绩，工匠工坊培养出世界冠军2名、全国职业技能大赛金牌和银牌获得者各1名，全国技术能手2人，省级技术能手1人，重庆市三好学生和优秀毕业生各2人。累计获得市级以上奖项80余项。

智能电子产品设计工匠工坊在2020年10月29日拉开了“学长助学”系列活动的帷幕。工匠工坊优秀的学员通过线上线下相结合的方式，为学弟学妹们讲授专业课程的学习方法以及专业技能的训练方法。整个系列活动一直持续开展至今，由智能产品开发未来之星工匠工坊继续传承和发扬。

二、具体举措

智能电子产品设计工匠工坊的“学长助学”活动定位为专业教学的“拓展班”，导师团队根据智能电子产品研发工程师成长的路径设计对应关键环节的培训专题，注重实战简化理论，全项目化。活动内容分为三个主要模块：硬件电路设计、嵌入式软件编程、电路焊接及产品调试。

比如硬件电路设计模块，结合专业课程的电工基础、电子技术以及智能电子产品设计与制作等核心专业课程的课程学习，设计了电路仿真及设计优化、PCB设计及元器件选型、PCB投板实战、运放的应用、时钟电路设计等内容。

在“学长助学”活动中，由一位优秀学长一步一步演示操作，并对关键内容详细讲解，其他同学同步操作，另外配置了几位优秀学长对于有困难的同学实行手把手指导。这样，一次“学长助学”活动就能够让一批学生熟练掌握一个重要的技能点。

三、成果成效

“学长助学”活动因为有优秀的学长亲自指导，首先就有很强烈的激励和示范作用；其次，学长与学弟学妹们年龄相仿、经历相似，他们之间的交流可能更加自由和畅达，因此激励了一大批学生对专业课程学习的热情。

“学长助学”活动也得到了系部教师们的大力支持，让课堂教学与专题培训活动有了很好的联动和互补性，拓展了课堂教学的知识宽度和深度，让学生有了更多的获得感。现在智能产品开发与应用专业和应用电子技术专业的学生参与技能竞赛和横向项目开发的越来越踊跃。与此同时，专业排名有了显著的提升，在2023年的“金平果”全国高职院校专业排名中，应用电子技术专业跃居全国第一、智能产品开发与应用专业位居全国第三。

工匠工坊学员的技能竞赛成绩斐然。学员李小松获得世界技能大赛金牌，商峻宁获得中华人民共和国第二届职业技能大赛金牌，沈嘉葆等同学在全国职业院校技能大赛中获得三等奖；学员累计获得其他市级以上奖项70余项；取得授权发明专利2项、实用新型专利7项、软件著作权2项；发表论文10余篇；参与横向项目到账经费达50余万。

四、经验总结

榜样的力量是无穷的。比如商峻宁入校后，本工匠工坊就给他树立了学习的榜样——李小松。在这2年多时间里，李小松每次对学弟学妹们的指导和经验传授，都成为激励商峻宁前进的动力。目前他正信心满满地走征战世赛的路。

助学活动要与专业课程教学形成互补，重在实战和深度。大量的学生在专业课程学习上疏于动手，这是电子类专业课程学习的大忌，所以在培训活动中，将进度放慢，力求一步一个脚印，一次活动解决一个点。

五、推广应用

目前我们正在将尝试工匠工坊与光电技术基地联合培养梯队选手，由工匠工坊完成基础课程和基本技能的培养、完成职业道德和工匠精神的培养、完成梯队选手的初步筛选及择优推荐，“学长助学”活动也将联合展开，深入到智能产品开发与应用及应用电子技术两个专业建设中。

“学长助学”活动在其他专业课程学习中也有推广的价值。目前我校每年立项的工匠工坊基本覆盖了全校各个专业，如果能够充分利用好工匠工坊卓越人才培养的优势，定能在各专业教学过程中形成一种积极向上和互帮互助的学习氛围，促进我校各专业的进一步发展。

案例14　VR空间艺术设计应用工匠工坊“空间艺术与数字技术”融合培养实践

左小强

一、项目概况

VR空间艺术设计应用工匠工坊成立于2019年，立足于环境艺术设计专业，专精于空间设计应用技术，注重职业素养的师徒培养模式，以技能比赛为目标导向，以项目为教学驱动，以教学科研为平台依托，形成以赛促教，以产促学，以研促赛的教、产、学、研立体培养模式。该工匠工坊致力于培养环境艺术行业的技能型拔尖人才，使之成为未来行业的技术骨干和精英人才。

二、具体举措

依托数字媒体学院虚拟现实国家资源库子库“全景居住空间”“全景商业空间”“全景施工体验”课程，以行业项目为载体，充分发挥教师团队在行业工作的经验和人脉，引入真实的室内外装饰设计项目，同时以我校横向科研项目为依托，实现了教、产、学、研立体化的培养模式，也探索出了一条艺术＋技术＋企业人才培养的新思路。

1. 实施校企合作的深度培养模式

依托“重电-曼恒数字产业学院”在人才培养、项目生产及实训资源等方面的优势，与全球领先的建筑VR技术提供商光辉城市合作培养本届工匠工坊的学生。双方通过深度的校企合作，共同开发课程内容，实行嵌入式教学，从而将企业真实案例及行业技术更快地深根发芽。届时，公司将负责组织培养计划中第三、四阶段项目实践类课程的教学，学校则提供其中理论类课程的教学，为同学们量身定制理论与实践相结合的培养方案与教学内容。

2. 技能比赛与日常教学有效融合

全国技能比赛园林设计与施工专项、全国技能比赛建筑装饰技术应用专项、全国大学生广告艺术大赛、“互联网＋”大学生创新创业大赛、NCDA全国高校数字艺术设计大赛等都是具有较高行业认可度的专业竞赛。为此，将根据工坊中学生的学习特点，成立固定的竞赛团队及指导教师团队，将日常基础训练与集中备赛相结合，不断培养精通园林景观设计与施工技术、精通装饰技术及材料清单编制技术的学生，力争工坊中的师生人人都有机会参与竞赛，以赛促教，不断提升专业教师的理论能力与实践水平，也让学生在比赛中获得收获和成长。

3. 学生参与企业横向技术服务项目

学生掌握的技能水平要在企业真实的项目实践中才能得到验证。为此，VR空间艺术设计应用工匠工坊在重视课程教学改革的同时，将大量企业横向技术服务项目引入课堂，并在教师的指导下，让学生能全程参与真实项目的设计过程。提早让学生参与横向课题，不但可以提高实际动手能力和知识应用水平，还可以让他们提前接触生产实际，增强其吃苦耐劳的品质、团结协作能力及融入社会的能力。

三、特色亮点

1. 建立“重电-光辉城市”校企合作模式

VR空间艺术设计应用工匠工坊人才培养模式正是以工坊为载体，通过与光辉城市（重庆）科技有限公司展开深度合作，将企业真实的项目、真实的案例和真实的工作过程引入教育教学中，从而基于光辉城市班开展全方位深度校企合作，包括共建光辉城市班数字化教学实训基地，同时推动就业加速营的落地。工匠工坊中的15名学生将全部招募进入光辉城市班接受相关岗位工作专业知识和技能的培训，大三时还将进入就业加速营中加强对岗位实操的训练。

2. 长期聘请行业教师参与课堂教学

工匠工坊长期聘请一些行业教师进入课堂，老师＋设计师＋师傅进行分批分段（每周至少1次课程安排）的课堂教学，授课内容由专业教师与行业教师共同制定，根据学生现有的学习进程同步进行，让学生体会企业对项目的具体要求，开展员工体验。

3. 真实项目带进工坊

在老师和企业设计师的带领下，同学们在真实项目的实战过程中，不但将专业知识与行业技能进行了无缝对接，也在完成项目的过程中提升了学生的学习兴趣和获得感。

四、成果成效

① 工匠工坊针对不同赛项成立了多个备赛小组，备赛小组主要采用“日常训练＋集中备赛”的模式，工坊不定期的邀请已经毕业的老队员参与指导，经过2年的项目运作，VR空间艺术设计应用工匠工坊班的学生已经掌握了扎实的专业技术知识和软件运用能力，特别是在建筑园林设计与施工、建筑装饰技术应用两方面，已处于我市相关专业学生的前茅，并在技能比赛中获得数个奖项。

② 获得多个具有较高行业认可度的设计类竞赛奖项。为了夯实同学们的基础知识与技能，VR空间艺术设计应用工匠工坊的学生参加了许多省级及国家级的竞赛。为此工匠工坊采用类似“师徒制”的学习模式，由指导教师与参赛组员共同制定学习计划，共同打磨竞赛作品。工坊中多个竞赛小组的形式不但加强了成员间的实质性关联，也调动了大家主动学习的积极性，营造了良好的学习氛围，并取得了“全国高校数字艺术设计大赛”等具有较高行业认可度的数个奖项。

③ 横向课题遵循以行业项目为教学驱动的宗旨，VR 空间艺术设计应用工匠工坊班的学生在指导老师的带领下已先后参与了 23 个横向项目，并在我校成功立项，项目总到账经费 140 余万元。同学们在真实项目的实战过程中，不但将专业知识与行业技能进行了无缝对接，也在完成项目的过程中极大地提升了个人的获得感和拓展学生的视野，为今后的职业生涯做好铺垫。

五、推广应用

2021 年 4 月 24 日，VR 空间艺术设计应用工匠工坊项目负责人左小强，代表我校师生参加了由中国室内装饰协会主办、教育部职业院校艺术设计类专业教学指导委员会承办的“2021 全国室内设计 1＋X 工作会议暨室内设计教育发展专家论坛”。作为此次大会室内设计专业教育优秀案例推广的典型代表，左老师向全国各地的专家学者及兄弟院校分享了我院艺术设计专业在现代学徒制班、工匠工坊等项目上的人才培养模式，得到了参会老师们的一致肯定和赞赏。

案例 15　汽车工程设计工匠工坊创新人才培养实践

张俊峰

一、项目概况

（1）工坊特色

汽车工程设计工作坊以我校卓越计划建设为平台支撑成立于 2018 年，工坊组建师生团队，创建并培养专业技能学生社团，组建了 3D 动力协会、汽车创新设计及制作社团、手作 DIY 创意社团等学生社团，是集实习实践、设计制造和创新创业为一体的大学生根据地，培养了一批有技术有能力的优秀大学生。

（2）团队水平

目前工坊已经建立起一支充满朝气和创新精神的团队，包含：教师 6 人，其中正高级职称 1 人、副高级职称 2 人、中级职称 3 人；学生 19 人，其中大一学生 10 人、大二学生 6 人、大三学生 3 人。

团队教师科研力强。教研教改方面，主持和主研国家级专业建设 5 项，参与制定国家标准 1 项，参研国家科技支撑计划 1 项；主持骨干专业建设 1 项，主持和主研重庆市科研教改项目 7 项，其中主持市级重大教改项目 1 项；发表论文 18 篇，其中 SCI 收录 3 篇、核心期刊 12 篇；授权发明专利 5 项、实用新型专利 17 项；出版专著 4 部、教材 5 部。

技能竞赛方面，荣获国家级教师技能大赛一等奖 1 项、二等奖各 2 项、三等奖 2 项，指导学生荣获国家级技能大赛一等奖 1 项、二等奖各 2 项、三等奖 2 项，省部级技能大赛获奖 5 项。

（3）基地建设

目前工坊基地建设初具成效。有专业绘图工作站 18 台，三维扫描仪 3 台、3D 打印机 1 台、激光切割机 1 台、ROLAND 数控雕刻机 1 台、Geomagic Touch 虚拟设计仪 1 台等，总资产 180 万元。

工坊通过培养学生 CAD 二维制图、CATIA 及 UG 的三维设计、数控加工编程、电子控制等理论知识，使学生掌握模型的正向设计及逆向设计能力，掌握机械制造相关机床数控编程加工制造及 3D 打印能力，通过将加工制造产品转为经济商品，培养团队学生创新创业能力。2018 年，工坊被科技部国家制造业信息化培训中心授予三维 CAD 教育培训基地称号;2020年,获评为“三维数字化创新设计人才产教融合培养试点示范基地”;2023年,进一步被授予全国三维数字化创新设计大赛重庆组委会秘书长单位资格。

(4)服务项目

工作坊专注于逆向设计、造型设计、总布置设计、车身设计、内外饰设计、底盘设计、电气设计以及CAE等设计服务和技术咨询领域。组织学生在新灵兽、淘宝等平台通过DIY设计进行创新创业活动,以及参加三维数字创新设计、机械创新设计、挑战杯和创新创业等技术技能培训和竞赛,并连续3届承办了我校汽车创新设计大赛。

工作坊与企业开展联合人才培养,与重庆迈奥汽车设计有限公司、重庆捷途工业设计有限公司和重庆维根工业设计有限公司等企业创建了创新实践基地和研发基地;承接社会服务项目10余项,为相关企业和兄弟院校培养技术人才达300余人。

二、项目举措

1. 建立多元互动的可持续性发展运行机制

工坊组建师生团队并培养专业技能学生社团,师生同在“工匠工坊”工作、学习,加强教师与教师、教师与学生、学生与学生之间的多元互动,形成了“传、帮、带”的氛围,团队成员间具有比较强烈的集体感和归属感,同时邀请企业专家参与工坊建设,形成了可持续发展的高技能团队,实现了师生的培养和梯队建设,提升了教师队伍整体水平,培育了各级教学名师。

工坊团队利用先进技术软件和装备,在项目引领、任务驱动教学模式下,完成技能大赛的项目训练与任务整合。促进教师关注企业对岗位技能的要求,关注行业、企业技术发展趋势与应用方向;促进教师对于行业新发展新工艺、新技术的学习,培养教师高层次的“双师”“双能”素质。通过在技能大赛的训练及社会服务项目的带动下,促进学生提升专业技能,充分发掘自身的潜能,对于工作岗位职责及流程有更加清晰的认识,为未来更好地适应工作岗位打下基础。

2. 培养竞赛与应用双导向的卓越技能人才

工坊通过培养学生掌握CAD二维制图、CATIA及UG的三维设计、数控加工编程、电子控制等理论知识,使学生具备模型的正向设计及逆向设计能力,掌握机械制造相关机床数控编程加工制造技术及3D打印技术,并组织学生参加“全国职业院校技能大赛工业设计技术赛项”“全国大学生机械创新大赛”“全国三维数字化创新设计大赛”“互联网+”等技能竞赛;同时强化技术转化能力,鼓励学生参与校企合作服务项目;推动学生将加工制造产品转为经济商品,从而培养团队学生创新创业能力。

3. 孵化数字设计与应用的创新创业项目

工坊立足我校“双高计划”建设，通过在以创新创业为目标的引领发展过程中，培养团队师生设计、制造及创业能力。在新灵兽实验室和数字工坊平台建设发展的契机下，以“创意、创造、创新、创业”为动力，开展面向校园师生及社会市场个性化、多样化、参与化的产品智能制造。以我校为立足点，以重庆市大学城区 15 所高校、20 万多在校生为市场基础，在线下推广建设及线上网络平台发展的契机下，结合师生需求不断开拓新零售市场。

4. 开拓深度产学研培赛一体的社会服务

工匠工坊平台与长安汽车、中国汽车技术研究中心等汽车制造相关企业深化合作，构建 1＋X培养模式，开展各类项目建设，形成合作共赢的协同培养机制。团队通过共同开展社会服务项目、科研项目及教改项目形成师生培养、竞赛、研究和培训服务一体的协作共同体。

三、特色亮点

1. “团队引领、竞赛驱动、平台支撑”的人才培养模式创新与实践

随着中国建设的发展，社会对技能人才培养要求不断提高。学生的职业素质和专业实践能力的提升，重点在实践动手能力和应用能力的培养。在竞赛驱动下，团队以工匠工坊平台为支撑积极探索基于职业竞赛的“以赛促教、以赛促学”的人才培养模式改革，建立了全方位的知识技能提升机制。“团队引领、竞赛驱动、平台支撑”的技术技能人才培养模式见图 1。

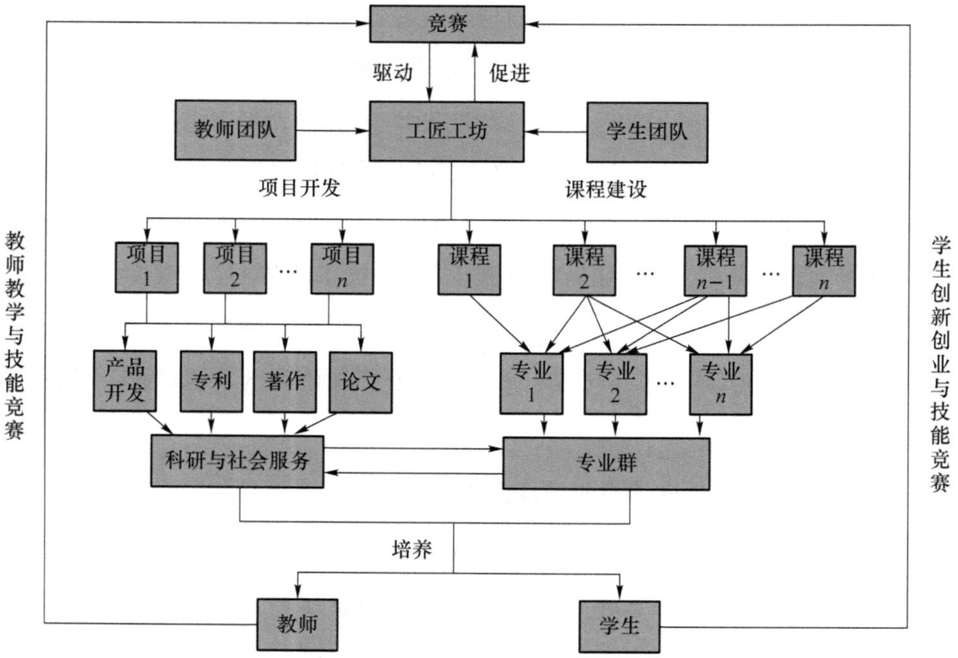

图 1　“团队引领、竞赛驱动、平台支撑”的技术技能人才培养模式

在创新与实践中，大力开展社会主义核心价值观教育和理想信念教育，紧密结合“课程思政”与“专业思政”教育导向，培养学生服务国家建设的意识，使其具备大局观和爱国情怀。该模式构架以三条主线形式实现，一是加大师生参赛力度，以“工匠工坊”为中心平台，加强教师团队与学生团队建设，促进职业竞赛的开展。将“工匠工坊”平台下的竞赛成果与教师教学教改及科研项目紧密结合，推动多项目开发，以产品、专利、著作、论文等科研成果形式输出，做好科研成果转化，促进社会服务。同时“工匠工坊”平台下的成果可提升课程建设力度，建设若干门精品课程，共同支撑多专业建设发展，形成特色专业群，并于科研及社会服务相互促进，进一步提升师生综合能力培养。二是教师通过技能与教学竞赛提升自身竞赛综合能力，培育更多教学、科研成果。三是学生通过创新创业与技能竞赛提升综合能力，适应市场人才需求，扩大就业范围。

2．“需求导向、理念创新，数字设计”的技术服务创新创业探索

创新创业是工坊重点建设项目，工坊以“创意、创造、创新、创业”为动力，开展面向校园师生及社会市场个性化、多样化、参与化的产品智能制造。为实现消费者全新产品体验，智造过程目前采用两种方案：第一种为正向设计创新方案，该方案是在客户个性要求基础上进行前期数字模型设计或者由客户亲自设计，通过 AR/VR 对数字模型开展沉浸式虚拟体验，由客户决定制造的材料及制造方式，在制造过程中客户可参与或者亲自操作制造，最终实现产品的生产加工。第二种为逆向新创意方案，该方案是在客户指定的产品基础上进行新创意，通过三维扫描仪将数字模型还原重建，借助 Geomagic Touch 力反馈设计仪及绘图服务站，按照客户的要求或者由客户亲自进行二次的创意添加或者修改，最终全过程参与产品制造。正逆向制造全过程参与流程图见图 2。

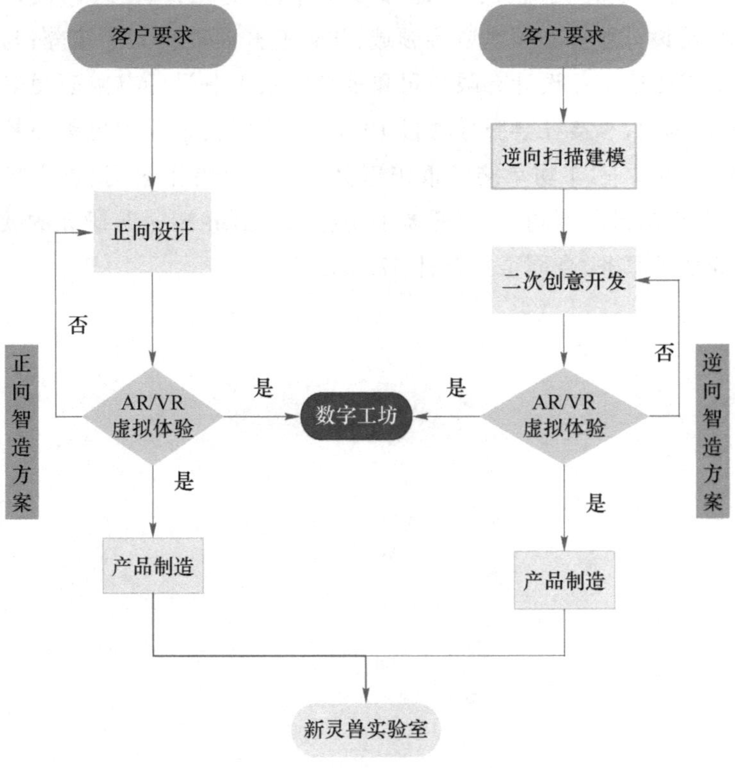

图 2　正逆向制造全过程参与流程图

四、成果成效

1. 技能竞赛

工坊团队注重提升自身技术技能水平，积极参加各类技术技能竞赛，荣获全国高校教师教学创新大赛一等奖1项、二等奖2项、三等奖3项，全国高校教师教学元宇宙数字化技术创新大赛一等奖5项、二等奖5项、三等奖4项，指导学生荣获全国三维数字创新设计大赛一等奖2项、二等奖4项、三等奖7项，全国职业院校技能大赛数字化设计与制造赛项教师组三等奖1项。

2. 科研成果

团队科研成果丰富。入选教育部"十四五"规划教材1部、人社部"十四五"规划教材3部，出版数字课程2门；主持省部级教改项目6项；主持重庆市纵向科研项目6项、横向科研项目8项；获得发明专利5项、实用新型专利17项；发表SCI期刊论文3篇、EI期刊论文5篇、核心期刊12篇。

3. 社会服务

工坊根据自身优势，发挥团队在新产品开发和技术服务能力，着重培养团队技术水平；组织团队教师、学生积极参与社会服务，通过竞赛、纵横向项目，提升团队社会服务能力。

工作坊专注于逆向设计、造型设计、总布置设计、车身设计、内外饰设计、底盘设计、电气设计以及CAE等设计服务和技术咨询领域，与企业开展联合人才培养；与重庆迈奥汽车设计有限公司、重庆捷途工业设计有限公司和重庆维根工业设计有限公司等企业创建了创新实践基地和研发基地，承接社会服务项目10余项，为相关企业和兄弟院校培养技术人才达300余人。2018年以来，工坊承接了重庆迈奥汽车设计有限公司、重庆凯瑞汽车技术有限公司等企业8个横向科研课题，主要开展了先进车型Benchmark研究的数据采集及建模设计、产品开发等技术服务，合同金额合计57.6万元。